货币价值波动对系统性金融风险的影响研究

谢俊明　著

新 华 出 版 社

图书在版编目（CIP）数据

货币价值波动对系统性金融风险的影响研究 / 谢俊明著．

北京：新华出版社，2022.8

ISBN 978-7-5166-6384-4

Ⅰ．①货… Ⅱ．①谢… Ⅲ．①货币价值—波动—影响—
金融风险防范—研究—中国 Ⅳ．① F832.1

中国版本图书馆 CIP 数据核字 (2022) 第 147795 号

货币价值波动对系统性金融风险的影响研究

作　　者：谢俊明

责任编辑：董朝合　　　　　　　　　封面设计：优盛文化

出版发行：新华出版社

地　　址：北京石景山区京原路 8 号　　　邮　　编：100040

网　　址：http://www.xinhuapub.com

经　　销：新华书店、新华出版社天猫旗舰店、京东旗舰店及各大网店

购书热线：010-63077122　　　　　　中国新闻书店购书热线：010-63072012

照　　排：优盛文化

印　　刷：石家庄汇展印刷有限公司

成品尺寸：170mm×240mm

印　　张：12.75　　　　　　　　　　字　　数：220 千字

版　　次：2022 年 8 月第一版　　　　　印　　次：2022 年 8 月第一次印刷

书　　号：ISBN 978-7-5166-6384-4

定　　价：78.00 元

　　系统性金融风险波及范围广，影响程度深，每次系统性金融风险事件的发生都给经济社会造成巨大危害。相对于过去，近年来各国政府对系统性金融风险的重视程度更高。防范和化解系统性金融风险，不仅是金融监管部门的首要使命，也是国家层面高度关注的重大事项。

　　货币是金融经济系统赖以存在的基本元件。货币价值波动与金融系统稳定性密切相关，也是一种普遍存在的经济现象。历史经验表明，许多系统性金融风险事件爆发之前的一段时间，都出现过货币价值持续大幅波动现象，无论是在商品货币时期，还是在信用货币时期，都是如此。可见，货币价值波动是系统性金融风险发生的前兆。因此，探讨货币价值波动对系统性金融风险的影响，分析二者承前启后的逻辑关系，能及早预测系统性金融风险，并及时制定相应的防范和化解对策，对金融监管当局来说是非常重要的。

　　首先，梳理了货币价值波动与系统性金融风险的前期研究成果，以货币价值波动与系统性金融风险的一般理论为出发点，明确了文中货币价值波动和系统性金融风险的概念和内涵。围绕货币价值波动理论，分析了货币价值构成及其动态演化路径；基于不同货币形态，解释了货币价值波动的原因，并从宏观和微观视角阐述了货币价值波动的影响。同时总结了系统性金融风险的经典理论，基于马克思经典理论诠释了系统性金融风险的可能性和现实性。在此基础上，从理论视角分析了货币价值波动对系统性金融风险的影响，认为货币价值波动会增加银行系统、国内和国际金融市场的脆弱性，也会通过影响资本边际效率的变动、心理预期变化，导致经济周期性波动。

　　其次，基于系统性金融风险的历史特性，运用历史分析法从时间和空间维度考察了系统性金融风险的普遍性，并对系统性金融风险爆发前的货币价值波动情况进行描述性统计分析，运用条件概率和 Logit 模型对二者的关系进行概率检验，认为货币价值波动会提高系统性金融风险发生的概率。

　　这样，从理论—历史—实证角度构建了货币价值波动影响系统性金融风险的分析框架，论证了货币价值波动是系统性金融风险发生的前奏，为进一步探究货币价值波动影响系统性金融风险的机制和差异性奠定了基础。

从影响机制来看，围绕金融资产价格波动和财富集中探讨了货币价值波动影响系统性金融风险的机制。就金融资产价格波动来说，货币价值波动会使金融资产脱离其内在价值，影响金融资产与货币交换的比例，从而造成金融资产价格的大幅波动。而金融资产价格波动可以通过影响投资需求变化，使经济发生周期性变化；通过改变投资者预期，其正反馈作用容易导致资产价格泡沫；在信息不对称的条件下，也会出现逆向选择和道德风险问题，进而影响信用规模的变化。也就是说，金融资产价格波动会直接对金融系统产生内生扰动，也会起到传导外生冲击的作用。就财富集中来说，货币价值波动会影响社会财富支配权，从参与财富分配的主体、债权债务关系以及货币流通的过程三个方面影响财富分配，加速财富集中。当财富集中累积到一定程度，会通过影响社会总需求、信用扩张以及刺激投机性投资等渠道，导致供给与需求脱节，经济衰退。这些都给金融系统带来了负面冲击，导致系统性金融风险生成。在此基础上进行了实证分析，选取了我国 1996—2018 年的数据为样本，运用结构向量自回归模型（SVAR）对货币价值波动、资产价格波动、财富集中以及系统性金融风险四个随机变量进行脉冲分析和方差分解分析，验证了理论分析的结论。

从影响的差异性来看，在国际货币体系不对称的现实条件下，货币价值波动对系统性金融风险的影响具有空间差异性，运用历史分析法和案例分析法考察了引起这种空间差异的原因，发现不同类型国家货币价值波动影响系统性金融风险的路径不同。分别从发达国家和发展中国家的角度分析了货币价值波动影响系统性金融风险的路径，并比较分析了不同类型国家货币价值波动影响系统性金融风险的路径差异，主要体现在起点不同、传导路径不同以及面临货币价值波动的风险不同。

最后，基于上述研究结论，在梳理完善系统性金融风险治理体系原则的基础上，借鉴系统性金融风险治理的国际经验，从重构国际货币体系、稳定货币价值、抑制资产价格波动和财富集中等方面，提出了完善系统性金融风险治理体系的对策建议。

目 录

第一章　绪论

第一节　选题的背景和研究意义

一、选题的背景

在全球经济深度融合，彼此关联日益紧密的今天，世界政治经济格局发生深度调整变化，外部不确定性增加，各国金融系统遭受的外部冲击越来越多。随着技术创新和金融化的进程，金融系统的非线性和高杠杆性更加明显，其内生不稳定因素日趋复杂。金融系统内外部的矛盾和不协调会导致系统性金融风险生成。系统性金融风险波及广，影响程度深，每次风险事件的发生都会给经济社会造成巨大危害。因此，防范和化解系统性金融风险，维护金融系统的稳定和安全，成为各国金融监管当局的首要使命，也是国家层面高度关注的重大事项。

我国在 2017 年全国金融工作会议后，提出了维护金融稳定的新思路，强化了金融监管机制部门间的协调性，健全了防范和化解系统性金融风险的配套机制，同时出台了一系列的监管新规和管理办法，弥补了当前金融监管体系的短板，使我国的金融无序现象在一定程度上得到遏制，对系统性金融风险的控制能力得到了有效提升。但随着经济转化升级，供给侧结构改革的推进，我国经济由高速发展向高质量发展，结构性矛盾和金融周期性问题日益凸显。"灰犀牛"性质的金融风险可能形成，同时"黑天鹅"性质的金融风险可能释放。面对新情况、新变化，为守住不发生系统性金融风险的底线，我国把系统性金融风险的治理、维护国家金融安全纳入今后重点工作范畴。在宏观层面，正确处理好调结构、稳增长和防风险的关系，自上而下构建宏观审慎监管框架；在微观层面，将不断加强系统性金融风险的监测，自下而上完善微观审慎监管体系。这样不断完善宏观和微观审慎监管机制，以应对我国当前系统性金融风险的监管困局，减少系统性金融风险对我国经济系统的负面冲击。

但我们必须清楚地认识到，当前世界各国系统性金融风险的监管体系都存在局限性。系统性金融风险事件的发生，迫使理论界和金融监管当局对系统性金融风险的生成演化及其监管进行不断反思，形成共识：准确把握系统性金融风险爆发的前奏，对及早预测系统性金融风险，提高防范和化解系统性金融风险的有效性具有重要作用。为此，有必要再次审视系统性金融风险研究的相关理论和方法。

在理论上，金融系统是开放经济系统的子系统，是经济系统的核心，能与其他经济社会系统进行物质和能量交换。在交换过程中，一方面可以提高资源配置效率，促进经济增长，另一方面会打破金融系统与其他经济社会系统的能量物质交换的平衡，造成金融系统失衡，给金融系统带来不稳定性。而货币是经济金融系统赖以存在的基本元件，是金融系统实现其功能的载体。伴随着货币形式的演变，金融系统与其他系统进行物质能量的交换更快、更隐蔽，同时促使金融系统不断演变，并出现了新的趋势：一是金融系统的结构不断调整，证券化资产比重加大，金融体系的功能由融资转向融资和资产管理并重；二是金融系统占整个经济系统比重越来越大，经济不断虚拟化，杠杆作用越来越大；三是金融科技含量和国际化水平不断提高，金融工具不断创新，金融产品趋向多样化、复杂化，对金融系统稳定性影响的权重日益增加。这些新的趋势进一步凸显了货币在金融系统中的作用，使货币价值波动与金融系统稳定的关联性更加紧密。对此，历史经验早已证明，许多系统性金融风险事件爆发前，都出现过货币价值持续大幅波动。无论是商品货币时期还是信用货币时期，都是如此。可见，货币价值波动是系统性金融风险爆发的前兆。

在研究方法上，希望在充满不确定性的经济环境中寻找确定性，在频繁发生的系统性金融风险事件中寻找规律，最可依赖的方法是历史分析法。而当前关于系统性金融风险的研究大多以数理为基础进行理论抽象，容易忽视问题背后隐含的本质，从而使得理论对现实问题缺乏解释力。因此，在研究方法上有必要从历史视角对系统性金融风险这一问题的研究加以补充。

基于货币价值波动影响系统性金融风险的理论逻辑与历史事实，透过货币价值波动这一现象深入分析货币价值波动对系统性金融风险的影响，是世界各国金融监管当局迫切需要解决的现实问题。

二、研究的目的和意义

（一）研究的目的

面对系统性金融风险的监管困局，学术界高度关注，把防控系统性金融风险的相关研究放到突出的位置，监管当局也采取一系列措施加强金融监管，以提高防范和化解系统性金融风险的有效性。但由于引发系统性金融风险的因素众多，既有外部因素，也有内生性因素，其演化过程复杂多变，使得系统性金融风险监管往往滞后，给金融风险治理带来了严峻挑战。为应对当前挑战，破解金融监管困局，关键要及准确地把握系统性金融风险爆发的前奏，全面了解其生成演化过程。依据两者之间承前启后的关系，探讨货币价值波动对系统性金融风险的影响，可以为国家制定维护金融安全稳定的相关政策提供理论依据，有利于形成靠前监管机制，由事后监管转变为事前监管，以提升金融风险治理的前瞻性，增强金融系统运行的稳健性。

（二）研究的意义

1. 理论意义

在对货币价值波动和系统性金融风险的概念和内涵进行界定的基础上，首先围绕货币价值波动，阐述了货币价值构成及其动态演化路径，也分析了商品货币时期和信用货币时期货币价值波动原因的差异以及货币价值波动的影响。围绕系统性金融风险理论，总结了系统性金融风险经典理论，并从马克思经典理论入手分析系统性金融风险的可能性和现实性，深入论述了货币价值波动对系统性金融风险的影响。其次，基于系统性金融风险的历史特性，从系统性金融风险的时间和空间角度分析了系统性金融风险的普遍性，梳理了系统性金融风险的演化过程。基于历史事实和两者的理论逻辑关系，认为货币价值波动是系统性金融风险爆发的先兆。这样从理论和历史视角构建货币价值波动影响系统性金融风险的分析框架，为系统性金融风险研究提供了新的研究视角，也丰富了系统性金融风险的相关理论。

2. 现实意义

随着经济全球化的进程，信用不断扩张，金融系统面临的风险因素更加多元化，严重威胁全球各国的金融安全。由于货币是金融系统赖以存在的基本元件，货币价值波动与金融系统的稳定性密切相关。货币价值持续大幅波动是系统性金融风险发生的前奏，影响国家金融安全。而金融安全是经济安全最重要的屏障。因此，充分认识货币价值波动是系统性金融风险的先兆，能及早预测系统性金融风险。探讨货币价值波动对系统性金融风险的影响，有利于完善系统性金融风险的治理体系，消除货币价值持续波动对系统性金融风险的影响，破解系统性金融风险的监管困局，提高防范和化解系统性金融风险的有效性，以维护国家金融安全，促进经济社会持续健康发展。

第二节　文献综述

相关文献对货币价值波动和系统性金融风险展开了深入的讨论。本节梳理了货币价值波动的原因及其影响，厘清了系统性金融风险的生成、传导、度量等方面的研究成果，揭示了货币价值波动与系统性金融风险的内在关系，为进一步分析货币价值波动对系统性金融风险的影响提供了理论依据。目前的研究主要集中在以下几个方面。

一、货币价值波动研究现状

关于货币价值波动的研究由来已久，现有的研究表明，货币的贬值或升值都是由于货币供给与需求错配的结果，影响货币供求变化的因素是多方面的，有源起国际方面的因素，也有来自国内方面的因素。其中，谢圣远（2013）考察了货币贬值的成因，认为货币贬值是由于货币发行速度超过了社会财富量的增长速度导致货币购买力下降的结果；也有学者基于货币形式演变的过程，探讨了金属货币与信用货币贬值原因的不同，如王苏煦（2017）从历史视角探讨了金属货币贬值原因的特殊性，比较了中国与西方国家金属货币贬值成因的共性与差异。随着经济全球化，世界主权货币价值波动成为新兴经济体货币价值波动的重要因素，其中，张勇（2018）认为在部分新兴经济体国家货币贬值主要受全球经济增长分化、国际贸易摩擦、地缘政治冲突以及美元强势预期下降等因素的影响较显著。陈卫东（2019）认为美元自2015年进入加息通道以来，美元的持续升值加速了新兴经济体货币贬值。

同时，货币价值波动会对经济运行产生显著影响，这些影响既有微观层面的，也有宏观层面的。从微观层面看，主要集中在货币价值波动导致资产价格变化，给经济系统带来正面或负面冲击，如徐飞（2018）等基于国际贸易关系国家构建了货币贬值传染机制的分析框架，认为这些国家之间采取竞争性货币贬值容易导致股价崩盘风险。另有很多研究者都是从货币供应和货币政策变化的视角来探讨影响资产价格波动的机制，其研究更多的是从宏观层面展开，主要探讨了货币价值波动对经济增长、国际收支平衡、货币国际化、资本结构、产业结构等方面的影响机制。一是货币价值波动对经济增长的影响。何塞·德格雷戈里奥（2017）等从历史视角分析了货币贬值的频率与程度，并探讨了货币贬值与通货膨胀的关系，认为在国内需求萎缩的情况下，持续的货币贬值将刺激国外需求增加，促进国内经济增长。二是货币价值波动对国际收支的影响。梅冬州（2013）等运用Bernanke模型分析了在不考虑金融加速器效应的情况下，货币升值会导致贸易顺差显著下降，在考虑加速器效应的情况下，货币升值会使进出口都下降，但进口量下降可能超过出口量，使得经济衰退，贸易顺差扩大。费熠（2018）认为人民币货币价值变动对贸易收支有显著性影响，从而可以通过汇率政策调整来改善我国贸易收支差额。三是对货币国际化的影响。Friedrich A. Hayek（1990）认为价值稳定是货币被普遍接受的基础，价值不稳定的货币最终会被公众淘汰。商品价格作为货币价值的参照物，其相对稳定是一国货币价值稳定的体现。公晓璐（2014）考虑货币价值波动的经济环境下，基于资本结构理论，探讨了影响资本结构和投融资政策的影响因素。董宁和郑玉坤（2014）从理论和实证两个角度分析了对人民币货币价值变动可能导致的出口效应和产业结构调整效应，进一步研究发现人民币升值有利于促进我国产业结构转换转升级。周宇（2016）从历史视角梳理了各国货币在国际货币体系的演化进程，随着货币价值的上升期，其货币国际化程度上升，反之其国际化程度下降。而在货币价值相对稳定时期，其货币国际化程度处于相对稳定状态。薛畅和何青（2016）利用门限面板回归模型分析了货币国际化的路径，认为由于汇率变动的趋势不同，货币国际化进程的路径存在较大差异。朱孟楠和闫帅（2017）基于汇率与外汇储备规模构建了国家财富效用模型，并以日元为例，认为短期内日元价值下降会抑制国际化程度，长期来看，对其国际化程度具有促进作用。

二、系统性金融风险研究现状

（一）系统性金融风险的定义

系统性风险最早是马科维茨（1952）在研究股权市场时提出的，被称之为市场风险，或不可分散的风险，是股权市场系统之外的因素导致的市场波动。随着系统性金融风险的爆发，其内涵不断丰富，具有了更多的新的切入点，其定义主要有四类：一是侧重风险传染的属性，如 Kaufman（2000）认为系统性金融风险是单个事件或机构通过市场网络引起多米诺骨牌效应而造成损失扩散的可能性；Schwarcz（2008）将其定义为由金融系统内外部突发事件所引起的一系列经济损失的风险，严重时会出现扩散效应；国际货币基金组织（IMF，2009）、巴曙松（2013）、Simaga（2014）定义为某家金融机构失败可能给其他金融机构带来巨大损失甚至影响整个金融市场稳定的风险。二是侧重金融风险危害的范围，如国际清算银行（BIS，2008）定义为一个市场参与者未能履约而引起其他参与者相继违约，出现更大范围金融困难的可能性；Bernanke（2009）将其定义为影响整个金融系统及其宏观经济而不是单个金融机构稳定性的风险。三是侧重金融功能的丧失，如 Mishkin（2007）定义为突发事件冲击导致金融系统功能丧失的可能性；张晓朴（2010）定义为一个事件使整个金融体系的功能受损，使看似不相关的第三方遭受损失的可能性；马勇（2011）定义为由于金融系统遭受普遍的大规模冲击而无法持续有效运转的可能性。四是侧重对实体经济的影响，如 Billio（2012）将其定义为短期内，一些相互关联的金融机构发生违约，导致整个金融系统流动性不足和信心崩溃，造成经济损失巨大的风险；韩心灵（2017）指出，系统性金融风险是指由于金融市场参与者违约，导致金融机构和金融市场的作用不能正常发挥，造成各国经济增长速度下降，并对实体经济产生巨大影响的风险。

（二）关于系统性金融风险成因的研究

系统性金融风险的成因有来自金融系统内部的扰动，也有系统外部的冲击。目前学术界主要从内因和外因两个层面展开。

1. 系统性金融风险的内因

目前，主流观点认为金融机构关联性、金融创新、高杠杆率、系统重要性金融机构的负外部性、信息不对称以及金融周期等因素已成为系统性金融风险的内在诱因。就金融机构的关联性，闻岳春（2015）从金融机构关联性的视角分析了系统性金融风险的影响因素，发现金融机构关联性具有风险转移的特性，直接影响表现为风险增加，间接影响表现为风险分摊到不同的金融机构；胡宗义（2018）利用互信息系数矩阵时间序列和相关性网络研究了网络相关性、结构与系统性风险的关系，认为金融系统的关联性与系统性风险有一定的单调关系；Gramlich 和 Oet（2011）认为银行的脆弱性是由银行之间的相关性以及由于联动性所带来的放大机制共同造成的。在金融创新方面，周小川（2017）指出由于金融创新，如影子银行以及其通过回购协议的融资方式，容易导致回购市场出现恐慌挤兑，使资产价格下跌，进而使影子银行和相关金融机构流动性紧缩，加大银行系统性风险；李剑阁（2016）认为随着金融创新产品不断涌现，促使资源优化配置，但也增加了违约风险和流动性问题，使系统性金融风险不断增加；Upper（2011）认为金融创新造成了信息不对称、金融交易链延长、金融混业经营等问题，增强了金融系统的关联性，加剧了金融系统的不稳定性；王道平等（2011）认为随金融机构之间的关联性越来越大，不断金融创新可能会促使金融工具迅速扩散，交易量快速增加，导致投资需求达到饱和，使金融体系面对冲击时的自我免疫力下降，加大系统性金融风险；Schwarcz（2012）指出影子银行既增加了系统性金融风险爆发的可能性，也促进了系统性金融风险的传染性；肖崎（2010）认为金融体系变革影响系统性金融风险的生成，并从影子银行具有的高杠杆操作、期限结构错配、过度创新等角度探讨了银行体系具有内在的不稳定性。在高杠杆率方面，Hahm 和 Shin（2013）认为高杠杆作用可能加剧银行等金融机构的风险，同时高杠杆操作容易形成金融市场泡沫。这表明高杠杆率会增加金融系统的脆弱性，容易使金融体系出现严重的结构性失衡。在系统重要性金融机构的负外部性方面，次债危机爆发后，从系统重要性金融机构（SIFIs）的角度来解释系统性金融风险生成也成为一个热点。普遍认为系统重要性金融机构是金融系统的核心，与其他金融机构存在大量的业务往来，也是信用关系的中枢，容易影响道德风险。Soussa（2010）、Stiglitz（2011）研究指出系统重要性金融机构认为自己大而不能倒，往往为了追求高额利润，可能涉足高风险投资领域，一旦成功，银行收益，万一失败，政府会提供援助。Banulescu 和 Dumitrescu（2015）认为 SIFIs 作为金融系统网络中的关键节点，具有很强的负外部性，一旦面临重大风险事件，会迅速传染整个金融系统，产生系统性金融风险。邓向荣等（2016）在构建系统重要性金融机构评价体系的基础上，综合评估系统重要性金融机构风险网络传染的速度、范围及其风险累积程度。结果表明，系统重要性在金融风险传导过程中发挥关键作用，金融机构的关联程度及负外部性成为影响系统性风险的重要因素。张天顶（2018）引入成分期望损失方法对系统重要性金融机构进行测量和评估，同时考察其稳健性。结果表明，银行业在系统重要性金融机构中对系统性风险的贡献较大。在信息不对称方面，Dow（2000）认为在银行系统中信息不对称容易产生银行挤兑，迫使银行低价抛售资产，可能造成资产价格大幅波动，进而影响金融系统的稳定性。Diamond 和 Diybvig（2010）认为金融体系内的信息不对称问题一直存在并且显露出日益严重的趋势，成为影响系统性金融风险的重要原因之一。Allen 等（2012）认为信息的不对称会刺激金融市场内的投机行为，既增加金融系统的不稳定性，也加快金融风险的传播速度，最终加剧系统性金融风险的形成。尚晓（2017）认为信息不对称易导致银行资产负债表恶化，降低金融市场效率，并容易出现逆向选择、道德风险等问题，扭曲资源配置，使金融系统失衡。在金融周期方面，陈壮（2018）利用 PVAR 模型和固定效应估计证实了我国商业银行杠杆具有明显的顺周期性，并揭示了商业银行杠杆的顺周期性会加大银行系统的不稳定性，导致银行系统性风险。戴金平和朱鸿（2018）认为短期内金融周期加速经济周期波动，中长期来看金融周期也对经济增长波动具有很大的影响，进而加速系统性金融风险的累积。汪莉（2017）认为在不完全垄断的市场下，银行杠杆的顺周期效应会增加银行的风险承担，隐性存保会进一步放大银行杠杆的顺周期性，增加风险转嫁效应，放大系统性金融风险。

2. 系统性金融风险的外因

由于金融系统与实体经济的相互关联性，实体经济变化通常会影响金融系统的波动，因此来自实体经济的风险源也就成了影响系统性金融风险的外因。目前，关于系统性金融风险外因的研究主要集中在经济周期和政策干预两个方面。在经济周期方面，王靖国（2011）认为在经济周期循环中，市场主体面对相同的经济环境通常采取类似的行为，这样加大了金融系统的周期性波动，即从顺周期性角度揭示了系统性金融风险的演化过程。付刚（2010）也指出相关联的市场主体在相同的时间阶段，其思维模式和风险评价可能趋同，进而使得金融风险集中于相关联性领域，容易导致系统性金融风险积聚。在政策干预方面，宏观经济有其自身运行规律，不恰当的政策干预将打破其自发调节规律，导致经济波动，使系统性金融风险不断增加。柯孔林（2018）认为货币政策是非中性的，不同货币政策工具对系统性金融风险的影响不同，有的具有促进作用，有的有抑制作用；不同货币政策周期对系统性风险的影响也是不对称的。朱波和卢露（2016）认为不同货币政策工具会影响金融系统的运行，对系统性金融风险的贡献不同。朱波和马永谈（2018）在对行业系统性风险度量的基础上，认为高杠杆率和行业规模等特征在一定程度上能解释金融行业的系统性风险较高，同时研究发现不同货币政策下金融业与非金融业系统性风险演化机制不同。Neuenkirch M. 和 Nockel M.（2018）基于欧元区分析了不同货币政策对金融风险的影响。

（三）关于系统性金融风险的生成演化机制的研究

关于系统性金融风险的生成演化机制的主流观点有两个：一是流动性冲击的作用机制。孙琪（2018）认为由于经济政策的不确定性，通过市场波动和融资流动性等渠道会增加我国银行业系统性风险。朱睿博(2017)认为市场波动从融资流动性和证券价格变化两个途径影响市场流动性，而市场流动性不足将导致金融风险产生。吴卫星等（2015）研究发现银行等金融机构之间融资流动性不足会增加系统性风险，反过来系统性风险增加会进一步加大融资流动性枯竭。Boudt K.（2017）指出可转债市场的流动性随经济环境的变化而变化，当市场流动性急剧增加或下降，可能导致金融市场大幅波动，进而加大系统性金融风险。Antonakakis N.（2013）指出了在证券市场上资金流动性和市场流动性之间的联动效应极易影响金融风险。Allen L.（2012）研究发现实体经济的衰退，可能导致企业破产，从而出现债务违约，导致关联银行资产恶化，影响银行流动性。流动性通过两个放大机制产生金融风险，即通过资产负债表的放大效应和市场不确定性导致流动性需求不断变化。二是资产价格波动机制。徐加根等（2018）通过构建一个多部门 DSGE 模型，认为房价和股价的波动显著影响宏观经济变量，即影响宏观经济稳定。Bernankeh 和 Gertler（2008）认为资产价格的波动会增加金融系统中违约行为，其中银行最容易因企业违约而遭受损失，而银行受资本金的约束，会缩减信贷规模，可能导致资产价格泡沫破裂，影响系统性金融风险。Brunnermeier（2012）等指出资产价格波动会影响抵押品价格变化，进而通过信贷渠道产生系统性金融风险。Shin(2016)探讨了资产价格变动对银行和非银行类机构资本金的影响，进而分析了资产价格变动通过信贷渠道影响系统性金融风险。孔庆龙等（2008）从个体银行、银行系统、金融安全网三个层次构建模型，探讨了在不同环境下资产价格波动与系统性金融风险生成之间的机理。

（四）关于系统性金融风险的传导路径

关于系统性金融风险的传导路径的研究主要从金融系统内部的传导路径和外部传导路径来展开。从内部传导路径来看，Huang 等 (2016) 提出由于金融机构资产重叠或职能交叉使得金融网络结构更加复杂，这种内部网络结构与系统性金融风险之间是一种非线性关系，进一步研究发现金融网络结构越紧密，越容易导致金融风险的传染。邓晶（2013）也指出银行系统的内部的风险传导路径与银行间的紧密关联度有关，为减缓风险的传染速度可以降低银行间的业务关联度。也有学者利用模拟事件法、有向无环图等复杂网络的分析方法构建风险传染模型，将金融风险在金融网络间的传播途径可视化（陈学军，2017；Nier et al.，2007）。从外部传导路径来看，一是实体经济与金融系统关联性和互动性。吕劲松（2015）认为企业在相互担保的链条中，面临的风险高度趋同，当出现过度融资和担保时，单个企业的风险会通过担保链条传导，形成连锁效应，容易使企业的风险集中爆发，迅速扩散到金融系统，影响系统性金融风险。徐国祥和李波（2017）构建了我国的金融压力指数（CFSI），发现 CFSI 加大对物价水平、经济增长以及利率水平具有动态的非线性传导效应。Roye（2014）发现当金融压力超过选定的门限值时，随着金融压力的增大，会加速金融风险向实体经济传导速度。二是金融风险的跨境传导路径。刘晓星（2012）认为系统性金融风险可以通过对外贸易、投资等路径在不同经济体之间进行传导。除此外，系统性金融风险可以通过国际金融市场进行传导。Goldsten(2009)认为国际金融市场联系着不同经济体，当金融市场受到投机性攻击时，会影响其他金融市场的流动性；在流动性冲击下，会引起投资者资金链断裂。由于金融风险的传染性，最终引发系统性金融风险。Janakiraman、Lamber 和 Larcker（2002）从发达国家和发展中国家的视角研究了金融风险传导路径，研究发现相对于发展国家之间，发达经济体之间、发达国家与发展中国家之间的金融风险传导效应明显。Gerlach 和 Smets（2015）构建了两贸易国之间的风险模型，发现一国货币大幅贬值，容易使贸易伙伴国出现贸易逆差，减少外汇储备，降低外汇市场干预能力，可能会增加贸易伙伴国的金融风险，并实现金融风险的跨境传播。Mondria、Quintana 和 Domeque(2013) 认为国际金融市场联系紧密，一国发生金融风险会改变金融市场投资者的心理预期，预期的改变会导致投资组合的重新配置，进而引发金融资产价格的大幅波动，使系统性金融风险在国际传导。

（五）关于系统性金融风险的预警研究

系统性金融风险预警研究开始于经济学家 John F.Bilson（1985）提出的导致货币贬值的先行指标。系统性金融风险事件的频发，使世界经济主体逐步意识到构建系统性金融风险预警系统的重要作用。刘国风（2008）认为由国际投机资本冲击可能造成的系统性金融风险，可从九个方面构建其预警指标体系。尤旸（2010）从宏观预警指标和微观预警指标两个方面建立了区域金融风险预警指标体系。孙立行（2012）从宏观、中观、微观选取了 25 个经济金融指标，构建了系统性金融风险的预警指标体系，对开放条件下的系统性金融风险进行预警。Frankel 和 Rose（2013），Sachs、Tornell 和 Velasco（2019），孙立行（2014），宫晓琳（2015），况昕（2018），白鹤祥等（2020）从不同视角构建了系统性金融风险预警体系。肖争艳（2021）等利用大数据引入媒体风险感知指标构建系统性金融风险预警系统，提高了风险识别能力。另外，还有学者对区域性系统性金融风险的预警开展研究。如谭春枝和龚雪（2011）结合经济发展的实际情况，从基本金融经济脆弱性、外债风险和国际收支三个方面构建了系统性金融的预警体系，并以北部湾为例进行实证检验。许传华等（2012）、张强和赵继鸿（2013）等也做了类似的研究。

从方法来看，目前系统性金融风险测度预警方法主要有以下几种：一是信号法，通过统计分析系统性金融风险事件发生时的共同信号指标及相关指标阈值，以信号的方式对系统性金融风险进行预警，代表性的方法有 KLR 模型、FR 模型、STV 模型、DCSD 模型。Kaminsky、Lizondo 和 Reinhart(1998) 在研究中提出了基于信号方式的 KLR 金融预警方法，Kaminsky 等 (2000) 在 KLR 模型基础上进行了升级和完善。Frankel 和 Rose(1996) 通过研究所提出的 FR 概率模型就是通过某一金融地区内部一系列指标预测金融风险发生的概率。Berg 和 Pattillo(1999) 在综合 FR 模型及 KLR 分析法的优点基础上提出 DCSD（developing country studies division）模型，将样本区间从 25 年缩短至风险发生前的四个月。

二是模型法，通过构建 Logit 模型、GARCH 模型、矩阵模型、神经网络模型和 DD 模型等预警模型，来测度系统性金融风险发生的或然性。Bussiere 和 Fratzscher（2006）基于 Logit 模型提出了多元 Logit 模型。还有 Schroder 和 Lehar（2005）、Muller（2006）、IMF（2009）等分别运用矩阵模型、网络模型、违约强度模型和 GARCH 模型等对系统性金融风险进行预警研究；Lin 和 Khan（2008）基于神经网络模型和模糊推理模型构建了混合模型，该模型是对一般神经网络模型的改进。Adian 和 Brunnermeier（2008）基于在险价值方法（VaR）建立了条件风险价值（CoVaR）方法，该方法能够有效度量在某段时间内资产所面临的风险。Fragniere（2008）针对 VaR 的不足，提出了极值理论（EVT）方法和期望损失（ES）模型。Acharya, 等（2012）在此基础上，进一步提出系统性预期损失和边际预期损失方法。 而 Cumperayot 和 Kouwenberg（2009）构建了多元 EVT 模型，该模型可以通过经济指标发出的信号来估计危机发生的可能性。Gramlich 和 Oet（2011）以 2008 年全球金融危机为研究对象，认为金融危机爆发的根源在于金融体系的脆弱性，并基于此提出了用于监测金融风险的动态预警模型。

在传统预警模型基础上，运用各种方法对模型加以改进创新。比如，石柱鲜和牟晓云（2005）利用三元 Logit 模型对中国外汇风险预警进行了实证分析。陈守东（2006）等人将因子分析法、ARIMA 方法与二元 logit 模型结合起来，对中国金融市场风险进行评价。马德功等（2007）提出基于 FR 模型的因子–Logistic 货币危机预警模型可以较好地对中国货币危机进行预警。徐道宣等（2007）基于中国实际对 KLR 信号分析法进行改进。陈守东、马辉和穆春舟（2009）应用非线性 MS-VAR 模型分别构建了货币危机、银行危机和资产泡沫危机三个分市场金融风险预警模型，考察中国金融风险的区制状态，同时运用 SWARCH 模型综合考察了中国金融市场的总体风险状况，对未来金融风险进行预警。在创新预警模型的提出方面，陈卫华和张睿（2007）提出了"可能—满意度"法，并将预警等级划分为 3 个等级。南旭光和孟卫东（2007）提出了等比例危机预警模型，通过检验发现该模型预警效果较好。陈强和乔兆纲（2011）从金融部门评估规划出发，设计了宏观压力测试模型。王大庆（2013）提出了基于模糊模式识别的系统性金融风险预警模型，该模型所评估的结果能够随时反映系统性金融风险的状态和形式，并能为风险监管当局进行风险预警决策提供优先指导。顾海峰和游冬良（2014）则基于支持向量机的思想对信托公司的风险问题进行了预警研究。

三是压力指数法，通过构建指标体系，测度金融系统的金融压力指数来衡量系统性金融风险状态水平。Illing 和 Liu（2003）提出了金融压力指数法（financial stress index，FSI），这为很少或没有发生过银行危机的国家建立系统性金融风险预警指标体系提供了方法。在指数构建方面，探讨了因子分析法、信用权重法、等方差权重法和基于样本累积分布函数的转换法四种加权方法并进行了相关检验。接着，Liu（2006）又运用因子分析法、信用权重法等四种加权方法构建了加拿大综合的 FSI，结果发现 FSI 可以对一国金融压力状况进行实时测度。此外，FSB、IMF 和 BIS 等国际组织也借此进行了系统性金融风险的压力测试。吕江林和赖娟（2011）基于中国国情构建了中国金融压力指数，对中国系统性金融风险进行监测。

（六）关于系统性金融风险的治理体系研究

系统性金融风险对金融系统的冲击和破坏，使得管理层面临重大挑战，现行的风险治理体系重在构建宏观审慎监管体系和预警体系，以维护金融系统的稳定。在宏观审慎监管方面，Borio（2018）认为应从跨部门和跨时间两个维度来构建宏观审慎监管体系，有效把握风险随时间的变化规律，以实施逆周期监管策略，降低金融体系的顺周期性。Drehmann(2012) 认为应从金融机构关联度、金融体系顺周期性以及共同风险敞口来对金融风险进行宏观审慎监管，化解系统性金融风险。Acharya(2010) 从贷款损失准备和公允价值的顺周期出发，认为会计准则要真实反映金融机构的财务状况，从而有利于维持金融稳定，降低系统性金融风险。Shin（2010）认为可以通过逆周期调控来降低金融系统性金融风险发生的频率，主要监管工具有资本监管、流动性监管以及风险集中度等。国内学者对此也进行了深入探讨，昌忠泽（2016）认为针对现行的金融监管制度建立动态准备金制度，从贷存比和高流动性资产比例等方面构建银行流动性监管指标体系，并量化金融机构的杠杆使用情况，不断完善约束机制和监管指标体系。关崇明、蒙泽群和唐宏飞（2017）构建了逆周期宏观审慎管理框架，认为要确立央行的宏观审慎管理的职能，健全宏观审慎管理法律法规和制度，以建立国内外信息共享的系统性金融风险防范体系。于蓓（2016）认为建立宏观审慎监管体系时，应跟踪风险本质因素对系统性金融风险的影响，并着重对系统重要性金融机构进行持续性监测。刘锡良和苗文龙

（2013）构建了微观—宏观审慎监管—金融机构三部门模型，阐述了金融风险积累机理，认为可通过对决策者计提风险准备金，来约束金融机构决策者的短期高风险行为，以防范系统性金融风险。李文泓（2011）认为可以通过完善贷款损失准备计提等原则来降低顺周期性，同时可引入逆周期监管工具来缓解金融周期性波动，减少系统性金融风险的爆发。范小云等（2013）认为加强对那些边际风险贡献和杠杆率较高的金融机构监管，有助于减少我国金融风险的外部性和顺周期性。朱太辉和边卫红（2018）从实体经济债务视角构建系统性金融风险监管体系，通过逆周期调节资本计提标准优化实体经济债务，控制结构性风险，通过完善设计债务偿付能力指标来控制贷款违约风险。

　　要破解系统性金融风险监管困局，仅局限于审慎监管是不够的，还应从构建系统性金融风险预警系统来进行有效补充。Frankel 和 Rose（2013）使用 FR 概率模型估计了系统性金融风险发生的概率，但该模型没有考虑不同国家差异，偏差较大。Berg 和 Pattillo(2014) 修正 FR 概率模型，利用单位概率模型来预测金融风险，预测效果更好。Sachs、Tornell 和 Velasco(2016) 构建了 STV 横截面回归模型，克服了 FR 概率模型和 KLR 信号分析法的不足，认为易遭受投机性攻击的国家一般具有货币价值高估、外汇储备较少等特点，进而使系统性金融风险发生的概率更高。孙立行（2014）从宏观经济风险、金融市场风险、银行经营风险和金融开放风险 4 个方面构建了系统性金融风险的动态预警体系，认为金融开放风险对金融安全影响较大，其中对外短期债务和跨境资本流动性是关键指标。宫晓琳（2015）运用未定权益分析法测度了我国的宏观金融风险，揭示了该期间国民经济各部门风险敞口的动态演变情况，并在此基础上建立系统性金融风险预警体系。周华、周晖和刘灿辉（2013）基于 MSVAR 模型构建了中国金融风险的预警体系，认为银行为避免系统性金融风险，应建立银行贷款风险预警控制系统。

三、研究评述

　　通过梳理归纳国内外有关货币价值波动与系统性金融风险的相关研究成果，发现关于货币价值波动的研究主要集中在货币价值单一方向变动，即升值或贬值的原因，以及货币升值或贬值对经济金融系统的影响等方面。目前的研究成果还不够系统深入，研究范围不够广泛，并没有全面分析商品货币时期与信用货币时期货币价值构成的差异，对货币价值的动态演化机制的研究相对薄弱，对货币价值波动影响系统性金融风险的研究也少有涉及。

　　关于系统性金融风险方面的研究，就系统性金融风险的定义来说，国内外学者对其定义并没有统一界定，各自侧重点不同，有的侧重系统性金融受突发事件冲击带来风险的传染性，更多的是强调金融风险的影响和危害。这也反映了问题本身的复杂性，有待进一步探索。当然，学术界对系统性金融风险的界定也有其共性，即系统性金融风险是一个宏观概念，其对象是整个金融系统或重要组成部分，而不是单个金融机构或金融市场，都揭示了系统性金融风险的传染性，但忽视了风险的来源。在系统性金融风险的成因方面，普遍认为系统性金融风险是金融系统内部的扰动和外部的冲击的结果。从内部来看，系统性金融风险主要围绕金融系统的脆弱性展开，外部因素则主要集中在实体经济发展中存在的风险因素。目前研究成果中所研究的风险因素包括金融机构的关联度、信息不对称、金融创新以及高杠杆等，而这些风险因素中有些只是系统性金融风险爆发的表象，并不是本质原因，也少有涉及系统性金融风险爆发的前奏，这给系统性金融风险的治理带来了挑战，往往使金融风险监管滞后。在风险的生成演化机制方面，更多强调金融系统对实体经济产生的影响，但实体经济通过反馈机理影响金融系统的机制研究较少。在传导路径方面，主要基于金融网络的内部和外部传导两个层面，通过网络分析法能够有效揭示金融系统内部传导的路径，以及实体经济风险可能通过对外贸易、对外投资等途径向金融系统扩散，但从国家层面来分析系统性金融风险传导路径较少。在系统性金融风险治理方面，很多研究在定性分析的基础上构建治理体系，其重点关注的领域是构建宏观审慎监管体系，也有从定量角度构建系统性金融风险的预警体系。但由于对系统性金融风险的研究忽视了其历史特性，导致对系统性金融风险演化过程把握不全面，对系统性金融风险发生的前奏认识不足，使得系统性金融风险的监管体系存在局限性，防范措施的针对性不强，监管的有效性难以发挥。因此，后续研究有必要从历史角度对其进行补充。

上述研究成果虽丰富和发展了货币价值波动与系统性金融风险的相关理论，也为管理层不断完善系统性金融风险的治理体系提供了理论依据，但目前对系统性金融风险的相关研究仍然不完备，尤其以下方面值得深入研究：

（1）现有研究成果并没有系统论述货币价值波动与系统性金融风险的逻辑关系，也忽视了系统性金融风险的历史特性，使得理论对现实问题的解释力不够。从历史事实和二者之间的理论逻辑关系来看，货币价值波动与金融稳定密切相关。因此，从理论—历史视角构建货币价值波动影响系统性金融风险的分析框架有待进一步探究。

（2）目前关于系统性金融风险演化机制的研究强调系统性金融风险演化的外部属性较多，对其内生性演化机理不够深入。而国内的相关研究停留在一般理论的研究，货币价值波动通过对相关经济变量的影响，进而对系统性金融风险的影响机制还有很大的研究空间。

（3）对系统性金融风险的传导路径的差异性关注较少，从国家层面来探讨系统性金融风险的传导路径较少，从根本上对阻断金融风险传染途径的管理手段研究也不够全面，即对不同类型国家货币价值波动对系统性金融风险影响路径差异性少有涉及。因此，如何在关联性强的国际市场之间构筑防火墙等仍有待进一步探讨，以不断完善宏观与微观审慎监管协调机制，提高系统性金融风险治理的有效性。

第三节 研究的思路与主要内容

一、研究的思路

本书主要回答了关于货币价值波动与系统性金融风险的几个核心问题：货币价值波动是什么？系统性金融风险是什么？货币价值波动与系统性金融风险的关系是什么？货币价值波动是怎样影响系统性金融风险的？不同类型国家货币价值波动影响系统性金融风险的路径差异是什么？如何维持货币价值相对稳定，防范和化解系统性金融风险？通过对上述几个核心问题的论述，深入探讨货币价值波动对系统性金融风险的影响。

依据上述思路，先界定货币价值波动与系统性金融风险的概念和内涵，从理论—历史—实证角度论述了货币价值波动与系统性金融风险的关系，认为货币价值波动是系统性金融风险发生的前奏，为进一步分析货币价值波动通过金融资产价格波动和财富集中影响系统性金融风险的作用机制，以及不同类型国家货币价值波动影响系统性金融风险的路径差异提供理论依据。最后就应对货币价值波动，减少系统性金融风险的发生，维护金融稳定提供了政策建议。其研究框架如图 1.1 所示：

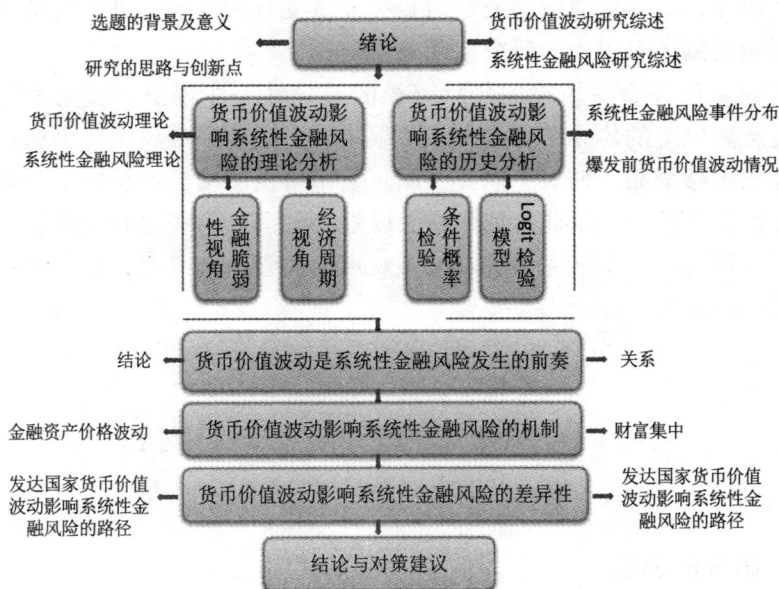

图 1.1　研究的框架

二、研究的主要内容

根据上述研究的对象、研究的目的以及研究思路，其研究内容结构安排如下：

第一章，绪论。介绍了问题提出的背景及意义，对货币价值波动和系统性金融风险的有关文献进行了梳理和评述，确立了研究的思路和研究内容框架，进一步归纳研究的方法和主要创新点。

第二章，货币价值构成及波动机理。在界定货币价值波动的基础上，对货币价值波动进行度量，围绕货币价值波动理论，从商品货币和信用货币的角度探讨了货币价值的构成，分析了货币价值动态演化路径、货币价值波动的原因及其宏观、微观影响。

第三章，揭开系统性金融风险的面纱。在界定系统性更新概念的基础上，总结了系统性金融风险的一般特征和现实特征，梳理了系统性金融风险经典理论，并基于经典理论诠释了系统性金融风险的可能性和现实性，为后续研究提供理论依据。

第四章，货币价值波动影响系统性金融风险的演化机理。从风险累积、风险爆发、风险传导三个阶段分析系统性金融风险一般演化过程，从金融脆弱性和经济周期性视角探讨货币价值波动对系统性金融风险的影响。

第五章，货币价值波动影响系统性金融风险的历史研究。基于系统性金融风险的历史特性，运用历史分析法从时间和空间维度考察了系统性金融风险的普遍性，通过对历史数据的统计，分析了系统性金融风险爆发前货币价值波动情况。在此基础上，运用条件概率和 Logit 模型对二者关系进行概率检验，验证了货币价值波动有助于提高系统性金融风险发生的概率，认为货币价值波动是系统性金融风险爆发的先兆。

第六章，货币价值波动影响系统性金融风险的机制研究。从金融资产价格波动机制和财富集中机制两个方面进行研究。首先运用金融理论解释货币价值波动影响金融资产价格波动的机理，认为货币价值波动会通过影响金融资产的内在价值以及金融资产与货币交换的比例等渠道导致金融资产价格变化，金融资产价格波动又会通过投资需求、资产价格泡沫以及信用规模变化等渠道影响系统性金融风险。其次从参与财富分配的主体、债权债务关系以及货币流通过程阐述货币价值波动影响财富分配，加速财富集中，然后基于经典的危机理论，分析财富集中影响系统性金融风险的机理。并结合实际，选取中国 1996—2018 年的数据，运用 SVAR 模型进行实证分析。

第七章，货币价值波动影响系统性金融风险的差异性研究。基于发达国家和发展中国家的系统性金融风险的空间分布差异性，结合国际货币体系不对称的现实条件，探讨了发达国家和发展中国家货币价值波动影响系统性金融风险的路径，并比较分析不同类型国家货币价值波动影响系统性金融风险路径差异。

第八章，货币价值波动下系统性金融风险预警体系设计。引入情景分析法，分析系统性金融风险预警系统的情景类别，构建系统性金融风险评价指标，从独立运行情景、市场冲击情景和政策调整情景分别设计系统性金融风险的预警体系。

第九章，货币价值波动下系统性金融风险治理体系构建。基于完善系统性金融风险治理体系的原则，借鉴系统性金融风险监管的国际经验，提出了维持货币价值稳定，化解系统性金融风险的策略。在优化系统性金融风险治理工具的基础上，构建了货币价值波动下系统性金融风险的防范和处置体系。

第十章，结论与对策建议。从重构国际货币体系、维持货币价值稳定、维持经济系统均衡发展、抑制资产价格泡沫和缩小贫富差距的角度，围绕货币价值稳定和金融稳定的目标提出了完善系统性金融风险治理体系的对策建议

第四节　研究的方法与主要创新点

一、研究的方法

在研究过程中涉及经典理论和当前最新研究成果，搜集了大量历史资料和数据，进行理论和实证研究。按照理论—实证的逻辑分析框架对具体问题进行研究时，采用了以下的研究方法：

（1）归纳法与演绎法相结合。基于系统性金融风险的历史事实，从时间和空间维度对其历史特性进行梳理，归纳总结系统性金融风险的普遍性，以及货币价值波动影响系统性金融风险的一般规律。同时从经典理论入手，诠释系统性金融风险的可能性和现实性。

（2）比较分析法与案例分析法相结合。由于货币价值波动影响系统性金融风险的空间分布具有差异性，比较分析不同类型国家货币价值波动影响系统性金融风险的不同路径；运用比较分析法分析了商品货币时期和信用货币时期货币价值波动的成因，同时运用一些典型案例分析来论证相关论点。

（3）理论分析法与实证分析法相结合。在梳理经典理论和当前相关研究成果的基础上，分析了货币价值波动影响系统性金融风险的理论逻辑，进一步论述了货币价值波动通过资产价格、财富集中等渠道影响系统性金融风险的作用机制。同时，运用计量分析来证实理论研究的结论。

二、主要创新点

（1）从理论—历史—实证角度构建了货币价值波动对系统性金融风险影响的分析框架。理论上，从金融脆弱性和经济周期性角度分析了货币价值波动对系统性金融风险的影响；从历史视角考察了系统性金融风险事件发生前货币价值波动情况，运用条件概率和Logit模型验证了二者的承前启后的逻辑关系，认为货币价值波动是系统性金融风险爆发的前奏，为系统性金融风险的研究提供了新的视角。

（2）揭示了货币价值波动通过金融资产价格波动和财富集中影响系统性金融风险的演化过程，并实证检验了我国货币价值波动对系统性金融风险的影响，为完善系统性金融风险治理体系提供了新的理论依据。

（3）分析了发达国家和发展中国家货币价值波动影响系统性金融风险的差异性，为从国家层面构筑系统性金融风险的防火墙提供了新的思路。

第二章　货币价值构成及波动机理

本章在货币价值波动概念界定的基础上，选取货币价值波动度量的方法，探讨货币价值构成和货币价值的演化路径，并分析货币价值波动的起因，即研究货币购买力变动的问题，及其对经济的宏观和微观影响。

第一节　货币价值波动的概念及其度量

一、货币价值波动的概念

按照马克思的观点，货币是充当一般等价物的特殊商品，反映一定的社会经济关系，随着货币形式的演变，纸币成了赋予国家信用的价值符号。由于商品经济发展的需要，从偶然性的物物交换发展成一般等价物，货币充当了交换媒介，履行交换职能。从这个角度讲，货币价值的本质就是货币的购买力，即单位货币购买商品和服务所包含的价值（米塞斯,1967）。货币价值波动是指单位时间内单位货币价值的变化量，单位货币价值是随机的相对变化量。因此，货币价值波动意味着单位货币购买力的变化，即获取一单位货币需要放弃商品或服务价值的变化。货币价值波动是一种普遍存在的经济现象，在国内表现为商品、服务以及投入要素价格的变动，在世界范围内表现为汇率的变动。在现实中，货币价值波动也意味着经济单位数量和满足人类欲望需求产品数量不变的条件下，现金持有余额变化时的状态，这种状态下，货币的购买力，即与商品交换的比例发生变化。

总之，随着社会经济的发展，经济单位相应增加，财富也相应增加，要维持货币价值稳定，使持有的现金余额不变，财富不缩水，就应从经济单位数量和财富量两个视角探讨与货币相匹配的问题。

二、货币价值波动的度量

价值是凝结在商品中无差别的人类劳动，商品的价值可以用一定时期内社会平均劳动量来衡量，体现的是一定时期内社会人与人之间的经济关系，但难以量化。因此，马克思引入了商品价格的概念，认为价格是价值的体现，是可以看得见的，即价值是商品内在所固有的，价格是价值的表现形式，二者不完全一致，价格围绕价值上下波动，这是市场规律作用的结果，由此可以看出价格波动是必然的。在西方经济中，从严格的学术上来说，价值指的是效用，是纯粹的心理学概念，但在金融实践中，常把货币本身当作价值。用心理学指标来衡量货币价值很困难，用货币本身来衡量货币价值也是不妥的。因此，对货币价值衡量可以借助第三方参照物，转而对商品价格进行衡量。因为价格围绕交换价值波动，货币价值只有以其他商品价值为基准才能表现出来，这同马克思主义经济学是一致的，货币价值的大小受到作为衡量标准的商品价值大小的影响。

根据上述分析，某个国家 t 时期内的货币价值（B_t）可以用该国 t 时期内的国民生产总值（GDP_t）与广义货币供应量（M_t）的比值来表示，即 $B_t = GDP_t / M_t$。而货币价值的波动可以用其波动率来衡量，波动率是变量相对变化率的离散程度。一国 t 时期内货币价值的变化率（R_t）等于该国 t 时期内 GDP 增长率减去广义货币供应量增长率。[①] 目前对金融时间序列高频数据的波动率的度量方法比较成熟，但货币价值波动这种季度或年度数据对波动率的度量方法研究还不成熟。常用的方法主要有以下几种：

（1）移动标准差。该方法是将过去 t 期内变量的相对变化率的标准差作为波动率。IMF（2007）用该方法测量过资金流动性的波动率。但该方法具有一定的缺陷：一是移动时间长度 t 的选取没有理论依据，具有较大主观性；二是每期波动率的大小即标准差都与该期均值相关，而不同移动时期的均值不同，因而标准差来度量波动率难以真实反映实际波动情况。

（2）广义自回归条件异方差模型，即 GARCH（p,q）模型。运用该模型计算的条件标准差来度量波动率，但在参数估计中，如果样本数据不够大，难以保证其收敛性。

（3）自回归积分滑动模型，即 ARIMA（p,d,q）模型。为克服上述模型的不足，已有学者运用该模型中的残差的绝对值开方来作为波动率。如 Broto（2008）用 ARIMA 模型度量了跨境资金流动的波动率；田拓和马勇（2013）分别用上述三种方法测算了中国短期跨境资金流动的波动性，认为 ARIMA 模型能更好地反映短期跨境资金流动的波动性。

因此，这里也采用第三种方法来度量货币价值的波动性，即用残差的绝

---

① $R_t = \dfrac{\dfrac{dB_t}{dt}}{B_t} = \dfrac{\dfrac{d\left(\dfrac{GDP_t}{M_t}\right)}{dt}}{\dfrac{GDP_t}{M_t}} = \left(\dfrac{dGDP_t}{dt} \times \dfrac{1}{M_t} - \dfrac{GDP_t}{M_t^2} \times \dfrac{dM_t}{dt}\right) \times \dfrac{M_t}{GDP_t} = \dfrac{dGDP_t}{dt} \times \dfrac{1}{GDP_t} - \dfrac{dM_t}{dt} \times \dfrac{1}{M_t}$

对值开方来作为波动率。为了估计 ARIMA（p,d,q），首先要确定（p,d,q），而经济理论不能提供相关信息，只能根据样本数据进行估计。首先通过单位根检验判断样本序列需经过 d 次差分才是平稳过程，其次考察差分后平稳序列的自相关函数（ACF）和偏自相关函数（PACF），计算前 x 阶的自相关系数与偏相关系数，通过检验自相关的 Q 统计量，并直观考察自相关图和偏自相关图来确定阶数 p 与 q。随后估计模型 ARIMA(p,d,q)，并计算残差，将残差的绝对值再开方来表示货币价值的波动率。

第二节 货币价值的构成及其演化路径

一、货币价值的构成

货币价值构成是一个古老的话题。凯恩斯是货币价值研究的集大成者，他在《货币论》（1930 年）一书中研究了货币的价值问题。纵观经济学的历史与现实，货币价值构成仍是当前经济学界和业界关注的焦点。现实中，人们愿意持有价值稳定的货币，通常采用储存、出售商品等方式换取价值稳定的货币，从而导致货币需求量增加，各种资源不断流向货币主权国，使得该国的价值观向外扩张。因此，货币是因其具有购买力，人们普遍接受，才能执行货币职能而具有价值。当然，不同形式的货币形态支撑其购买力的基础不同，其价值构成也不同。

（一）货币数量

商品货币是货币史上早期出现的一种货币形态，使用时期也较长。商品货币具有商品和货币双重属性。从商品属性来看，货币自身具有内在价值。一种商品之所以能充当一般等价物，关键在于这种商品本身凝结着人类劳动的价值，这种内在价值能广泛被认可，在交易中能满足市场主体的需求，被人们普遍接受（凯恩斯，2008）。从货币属性来看，在商品交换中，商品货币作为交易媒介，体现了一种包含价值的信用关系，隐含了交易双方对交换价值的认可。纵观商品货币形式的演变，无论哪种商品充当一般等价物，都有一定的必然性。通常该商品是相对稀缺的，本身包含的价值较大，有维持其价值稳定的自然基础，且具有普遍接受性。在贵金属货币期间，金属货币的价值与其交换价值是对等的，其价值来源于贵金属自身内在的价值，其价值包含货币自身人类劳动构成的价值，是一种独立于货币属性的固有价值。随后货币进入铸币阶段，其价值既来源于铸币本身的价值，也来源于货币发行主体的信用担保，价值构成逐渐外化。总之，在商品货币时期，受资源数量的限制，货币数量短缺时常发生，钱荒现象常有，这在一定程度上促使货币形态更替，影响货币价值变动。

（二）货币的购买力

凯恩斯把货币购买力定义如下："所谓货币购买力，是指货币购买货物与劳务的能力，个人组成的社会为购买货物与劳务以用于消费，就要付出他们的货币收入。也就是说，货币购买力是由单位货币所能购买的这种货物与劳务量按其作为消费对象的货币价值的相对标准通过其购买力来衡量的"。[①] 也就是说，货币购买力单位是实物单位 / 货币单位，而实物单位不能加总，无法反映货币的购买力。货币在商品交换中克服了物物交换的缺陷，使交易者可以通过货币兑换成其他的商品或服务。换而言之，交易者的价值是通过货币这一交易媒介实现的。货币之所以可以在经济活动中流通并执行货币职能，是因为它具有购买力，被普遍接受。可以说，货币存在的基础是其购买力和普遍接受性。货币一旦失去购买力，就不被人们普遍接受，会丧失其职能，失去存在的基础。正是这种对交易媒介的普遍接受和信任，支撑了经济活动中各种信用关系（贵斌斌，2014）。

（三）国家综合实力

对商品需求者而言，作为货币交易对象的各种商品，其重要性是不同的。交易过程中，其中一种是支付对象直接从生产者向消费者转移，而另一种是价值相等的支付对象要经过多次转手才到达消费者手中，前者所需的货币交易量比后者小，也就是说，所占用的货币量是具有差异的。凯恩斯由此提出了通货本位的观点，这种本位思想是在研究本位选择等问题时，判断通货增值与通货贬值的最优尺度。从消费本位看，虚拟产品也占用大量的货币。作为价值尺度，在相同时间和空间，货币是一切商品的真实交换价值的正确尺度，通货本位的变动导致居民所需货币量同比例变动。换句话说，通货本位是最终的商品、中间产品和金融产品的加权，更能反映货币的实际价值。

从通货本位的视角来看，通货本位的加权商品除包含产品或资源外，还

---

① 凯恩斯. 货币论（上卷）[M]. 何瑞英, 译. 北京：商务印书馆，1997.

与货币主权国家的经济、军事实力、文化等相关。因此，货币价值来源之一是通货本位的加权产品的数量，实际上就是一国的综合实力。尤其在信用货币时期，货币脱离了之前的商品属性，趋向虚拟化，纸币和各种票据都可以作为交易媒介，履行货币职能。毫无疑问，信用货币具有方面快捷、发行成本低廉优势，但一种没有内在价值的货币符号能成为人们普遍接受的交易媒介，是因为国家以政府信用作为担保，强制流通。这样使每个人相信当前的货币具有价值，能换取自己想要的商品和服务，进而得到人们的广泛认可。因此，作为交易媒介，只要有发行者的信用做背书，其自身可以没有内在价值。也就是说，此时信用货币价值脱离了自身价值，所代表的价值远远超过自身价值，但其被社会普遍接受的本质属性没有改变。要维护信用货币的价值，除法律赋予了信用货币强制流通的能力外，还需社会对其代表的价值普遍认可和接受。也就是说，信用货币的价值是由国家信用为保障，强制实施而获得的。因此，信用货币的价值来源于发行主体的信用，它依靠国家法律和政府信用担保。这些都与国家的综合实力密不可分，换而言之，要维持货币价值稳定就应按照一国综合实力的增长速度增发货币，同时提高一国的综合实力，特别是消费品和劳务的潜在生产能力，包括土地、人口、基础设施等。

二、货币价值的演化路径

了解货币价值的构成是探讨货币价值的演化路径的前提。从历史上来看，同一经济体在不同历史时期的货币价值演化路径不同；同一历史时期，不同经济体货币价值的演化路径也存在较大差异。为深化货币价值波动问题的研究，有必要进一步分析货币价值的动态演化路径。

根据货币价值的定义，货币价值可以用 $B_t = \mathrm{GDP}/M_t$ 度量，则货币价值变化率可以表示为：

$$R_t = \frac{\mathrm{d}B_t/\mathrm{d}t}{B_t} = \frac{\mathrm{dGDP}_t/\mathrm{d}t}{\mathrm{GDP}_t} - \frac{\mathrm{d}M_t/\mathrm{d}t}{M_t} \tag{2.1}$$

这样，货币价值的动态演化路径就取决于货币价值的变化率 R_t，而货币价值的变化率 R_t 等于经济增长率与广义货币供应量增长率之差。关于货币价值变化率的变化情况，从理论上可以分为以下三种情况：

第一种情况：经济增长速度与货币供应量的增长速度相同，货币价值变化率为 0，货币价值固定不变，即 $R_t=0$，$B_t=B_0$。

第二种情况：货币价值变化率以不变速度的下降，即货币价值的变化率为小于零的常数。虽然现实中货币价值变化具有一定的规律性和稳定性，但并不表示货币价值的变化随时间推移而保持不变，通常货币价值的变化率与决定它的因变量具有一种稳定的函数关系。因此，在这种假设情况下，有 $R_t=R_0$（R_0 < 0），则有

$$\frac{dB_t/dt}{B_t}=R_0 \qquad (2.2)$$

对式（2.2）变形后，两边求积分，得

$$\int\frac{1}{B_t}dB_t=\int R_0 dt \qquad (2.3)$$

整理得 $\qquad B(t)=C\cdot\exp(R_0\cdot t) \qquad (2.4)$

其中，C 为大于零的常数。根据式（2.4）可知，货币价值呈指数曲线上升趋势，但升值的速度递减，最终收敛于 C。

第三种情况：受资源和货币供应量的约束，货币价值的变化率不再认为是常数，与货币化进程密切相关。从理论上来看，随着货币化的推进，货币价值的变化率下降的幅度会受货币化的约束而减小。因此，假定货币价值变化率 R_t 与货币价值呈反向对数线性关系。用方程表示为

$$R_t=\frac{dB_t/dt}{B_t}=\alpha-\beta\ln B_t，\text{其中}\alpha，\beta>0 \qquad (2.5)$$

对式（2.5）变形后，两边求积分，得

$$\int\frac{dB_t}{B_t(\alpha-\beta\ln B_t)}=\int dt \qquad (2.6)$$

两边积分后，整理得

$$\ln|\alpha-\beta\ln B_t|=-\beta t-\beta C \qquad (2.7)$$

这样，式（2.7）可以写成

$$\alpha-\beta\ln B_t=\pm e^{-\beta t-\beta C}=\pm e^{-\beta C}\cdot e^{-\beta t}=\lambda\cdot e^{-\beta t},\lambda=\pm e^{-\beta C} \qquad (2.8)$$

最后得到方程：

$$B(t)=e^{\frac{\alpha-\lambda\cdot e^{-\beta t}}{\beta}} \qquad (2.9)$$

此时，货币价值演变的动态路径表现如下：当 $\lambda>0$ 时，货币价值下降，下降的速度逐渐减缓，最终趋向一个货币价值的下限；当 $\lambda<0$ 时，货币价值上升，上升的速度逐渐减缓，最终趋向一个货币价值的上限。

可以看出，在上述三种假设条件下，货币价值变化率的演化特点不同，会得到不同的货币价值动态演化路径，演化路径分别呈现不变常数、指数曲线

特征。这样在理论上推导货币价值的可能演化路径后，可以通过观察不同经济体货币价值的实际变化来描述不同经济体货币价值的动态变化路径。

第三节 货币价值波动的成因

货币价值的稳定要求货币发行量与社会财富总量相匹配（凯恩斯，2008）。在每个历史时期，不管什么样货币形态在当时都是价值相对稳定的交易媒介，一种价值持续不稳定的货币最终会被替代。但货币作为交易媒介，应满足市场交易的需要，不是为了发行而发行，也不能定额发行，而应按市场需要发行。因为只要货币的供应与需求不匹配，货币的价值就会发生变化，货币价值的大幅波动意味着货币当局违约、背弃承诺。

在不同历史时期，虽然货币形态不同，但货币的本质没有改变，只是由于货币价值的构成和其动态演化路径不同，引起货币价值波动的原因也具有差异性。这里分别从商品货币和信用货币的视角对货币价值波动的成因进行分析。

一、商品货币价值波动的成因

（一）生产效率的变化

在商品货币时期，一种商品能被人们普遍接受的交易媒介，作为充当一般等价物的特殊商品，既有商品属性也有货币属性（凯恩斯，2008）。此时，商品的价值和作为交换媒介的价值完全相等，如黄金、白银。也就是说，商品货币价值来源于商品自身的内在价值。劳动价值论认为，商品的价值是凝结在商品中无差别的人类劳动，取决于生产商品的社会必要劳动时间。因此，具有商品属性的货币价值也是由生产货币的社会必要劳动时间决定的。随着货币的生产效率变化，单位货币包含的社会必要劳动时间也随之变化，进而导致货币价值波动。因而，货币作为价值尺度，它本身的价值是可以随生产效率变化而变化的。从交换过程来看，商品的交换价值取决于单位货币换取其他商品的购买力。货币的购买力的上升或下降既取决于交易媒介的边际成本，也受其他商品的边际成本影响。因为边际成本高意味着商品价格高，边际成本低意味着商品价格低。而货币和其他商品边际成本都受生产技术和原材料供应等因素的影响，所以在商品货币的早期，生产货币的技术更新较慢，边际成本变化较小，其价值相对稳定。地理大发现后，金矿和银矿的大量开采，金银的边际成本大大降低，货币价值大幅下降，导致商品价格大幅上涨。此时货币价值的波动性更多表现为其他商品边际成本的变化，导致商品价格大幅波动。如天灾发生，导致粮食产量下降，粮食就价格上涨，货币购买力下降，相应的其价值也会减少。

（二）政府事权扩张

随着经济、社会、科技的发展，创新活动越来越频繁，制度难免存在漏洞，这就导致某些人会通过对剩余的索取来获取收益。为此，政府不断完善制度，加强监管，而随着政府事权的不断扩张，政府层级和政府管理部门增加，政府需要提供的公共物品也大幅增加，同时要持有较大数量的现金余额。特别是进入铸币时代，货币价值逐渐外化。货币作为财富的象征，为获取更多财富，人们想办法去铸币，而铸币的实际成本与面值之差的收入归铸币者所有，历史上称之为铸币税（亚当·斯密，1996）。通常政府会垄断铸币权，面对急需大量支出时，政府会通过铸币税的形式来大量发行货币。根据效用价值论，由于边际效用递减规律，随着货币数量的增加，货币价值会呈跳跃式下降。这种情况在战争和社会动荡时期表现尤为突出，通常伴随严重的货币价值波动。

二、信用货币价值波动的成因

随着商品经济的发展，货币形式逐渐演变，出现了脱离其内在价值的信用货币，如纸币和电子货币等。与商品货币相比，信用货币失去了实物的支撑，几乎没有内在价值，与它作为交换媒介的价值完全不相等。信用货币演变成了一种信用契约，这种信用契约的价值随货币的供求变化而变化。按照新古典主义的观点，信用货币在维持货币价值稳定的情况下，货币的供给和需求数量为均衡数量。货币的供给和需求脱离均衡数量，即货币需求与供给错配会导致货币价值波动。当货币供给不足时，货币的购买力上升，货币升值；当货币超额供给，货币购买力下降，货币贬值。货币需求和供给通常会受到国内外经济因素的冲击而变化，进而影响货币价值的稳定性。

从国内因素来看，一是利率的变化。利率作为货币政策的中介指标，是动态变化的。因为中央银行往往会结合当前宏观经济环境，不断调整货币政策，并以此来调整货币供应量和需求量，容易打破货币供求均衡。二是制度变革。制度变革与货币需求密切相关，通常货币需求对价格和金融制度的变革反应非常敏感。当制度变革使持币成本增加，就会导致货币需求减少。特别是金融监管制度的变革，使金融工具不断创新，出现了一系列的金融衍生产品。这些产品具有交易成本低、变现能力强的特点，加快了货币流通速度，也加大了持币成本，使预防性货币需求减少。同时，由于货币发行制度的演变，货币的发行权通常由中央银行掌管，但中央银行的独立性不够，往往受到政府的干预，导致货币政策的调整不稳定。同时为解决财政赤字，政府偏向通过大量发行货币，以获取更多铸币税的方式来弥补。三是经济周期的变化。经济周期变化导致货币需求的周期性波动。在经济繁荣时期，对货币需求增加，而经济衰退时，对货币需求减少。当政府采取逆周期的货币政策时，在经济繁荣时期，为防止经济过热，采取紧缩性货币政策。在经济低迷时，为刺激经济增长，采取宽松货币政策。这都会加大货币供需不均衡矛盾，影响货币价值波动。这些因素都在一定程度上影响货币的供求变化，进而影响货币价值的稳定。

从国际因素来看，汇率制度的变迁和国际资本流动都会影响货币的供求数量，导致货币价值波动。首先，宏观经济政策调整会导致国际资本流动，影响货币供求变化。在开放经济环境下，世界各国经济的关联性越来越大。世界主要经济体的宏观经济政策调整会引起国际资本流动，产生货币替代效应。当本国货币利率低于外币时，可能导致国际资本流出，使得本币需求减少，外币需求增加。其次，汇率制度变化也会影响货币供求。货币的供求变化在国际金融市场上受汇率结算制度的影响。因为汇率制度的变化会影响一国外汇储备，外汇储备是一国维持经济稳定的重要工具。比如，在本币面临升值压力时，中央银行通常采用释放基础货币大量购入外汇。相反，面临本币贬值时可以大量抛售外汇储备，这样可以维持国际贸易和金融市场的稳定。但这一调整过程会导致货币的供给和需求变化，容易使货币市场偏离均衡状态，引起货币价值大幅波动。

三、不同货币形态货币价值波动成因的比较分析

（一）影响货币价值波动的起点不同

由于商品货币本身具有价值内涵，不需要任何其他信用保证，可以作为超越国家主权的货币，可以跨越空间贮藏，所以其价值不会消失，且具有相对稳定性。而信用货币需要有国家信用作为背书。从长期来说，国家的信用是变化的，甚至会因战争、政权更替而完全消失；同时，信用货币的价值可作为国家宏观调控的工具。因为信用货币是由国家信用发行，其货币发行的面值和数量由发行机构决定，可以进行调节。基于这种可调节性，国家可以将其视为货

币政策工具。通过调节货币数量与面值对生产、消费、分配等环节进行调节控制，进而影响信用货币价值。可以说，信用货币价值波动的起点是国家信用的变化。

（二）影响货币价值波动的因素不同

商品货币具有内在价值，其制造过程受原材供应、设备和技术等限制，尤其是原材数量受到自然资源约束，使得商品货币的供应量也受到自然资源的限制，货币价值因超额供给导致的不稳定性在一定程度上得到控制。而信用货币的价值来源于发行主体的信用，却不受这种约束，其内在价值几乎没有，其产出也可以不受限制。因此，控制货币流通量的关键因素由商品的原材料供应及其生产能力转变为政府的信用，后者的约束力自然不可靠。同商品货币相比较，信用货币价值波动更易受国家的干扰，其波动的幅度更大，频率更高。此外，信用货币属于国家主权货币，但国际货币体系不对称，不同经济体货币价值波动的相互影响较大，尤其是世界主要经济体的货币价值波动可以通过国际贸易和国际资本流动等途径影响到其他国家货币价值的稳定性。

第四节　货币价值波动的影响

经济和非经济因素都会导致货币价值波动。货币是经济系统正常运行的基本构件，货币价值的波动是一种普遍存在的经济现象，对经济活动具有一定的调节作用，对经济行为会产生宏观和微观影响。在宏观层面主要体现在影响宏观经济政策调整、加快资源要素流动等方面。从微观层面来看，货币价值波动会提高金融市场交易成本和降低资金的利用效率。

一、货币价值波动的宏观影响

（一）影响宏观经济政策调整

货币价值波动会影响系统重要性金融机构的信誉及其信用调节能力，而系统重要性金融机构是国家执行货币政策的主要渠道。因此，货币价值波动会影响货币政策的执行，可能造成货币政策扭曲，影响经济的发展动力。同时，货币价值的波动与金融稳定密切相关。一旦货币价值波动引发系统性金融风险，其结果会给国家造成巨大的经济损失国家承担的损失，最后转移给政府财政，加大财政赤字，增加政府债务规模，可能演化为严重的财政问题。此外，货币价值波动在国际金融市场上表现为汇率波动，影响国际收支平衡。也就是说，为应对货币价值波动带来的问题，无论是货币政策的扭曲、政府财政赤字还是国际收支不平衡，政府都会根据当前经济形势，对货币政策、财政政策以及汇率政策做出相应的调整，以维持货币价值稳定，保持经济持续稳定发展。

（二）加快资源要素流动

货币价值波动对信用秩序和经济运行环境具有一定的调节作用，具体表现为加速资源要素流动。在一定时期内一经济体拥有的资源要素禀赋是有限的。随着外界经济环境的变化，有限的资源要素将在不同经济部门之间持续流动。一些部门资源要素的流入导致其他部门资源要素的流出，而货币价值波动可以通过影响资源要素的价格变化，促使资源要素从利润的较低部门向利润较高的部门转移，加速资源要素从社会效益低的部门向社会效益高的部门流动。同时，货币价值变动通过影响汇率的变化，加速资源要素在进出口型企业之间的流动。对企业来说，货币价值波动可以看作一种赋税行为，尤其是对进出口型企业的影响更为明显（陈其人，2013）。比如，货币贬值就有利于企业出口，抑制进口，对出口型企业相当于一种隐性补贴，对进口型企业相当于一定程度的征税。这无疑会影响企业的盈利能力和投资决策，促使企业则不断调整产品结构和产量。产品结构和产量调整的结果会引起资源要素的流动，重新配置。总之，货币价值波动可以通过影响资源要素价格以及汇率变动等途径，加速资源要素在不同部门之间流动。

二、货币价值波动的微观影响

（一）提高金融交易成本

任何组织机构都存在交易成本，降低交易成本，有利于增加国民财富（凯恩斯，1999）。在市场交易中，货币价值波动会加大市场主体采集信息、整理信息的难度，加大相关性收集的工作总量。这就增加了市场参与者对经济预测难度，也增加了制订相关工作计划的成本，进而加大了市场主体的决策风险，增加了市场参与者的管理成本。同时，货币价值波动意味着市场交易价格的变化，这不仅影响资产价值评估的准确性，还会提高金融交易成本，降低金融交易的效率。

（二）降低资金利用效率

货币价值波动对资金利用率的影响主要体现在以下三个方面：一是持续的货币价值波动容易导致流动性变化。这使银行等系统重要性金融机构难以准确安排备付金，而为避免出现流动性风险，往往要准备足够的备付金，导致资金闲置。二是货币价值持续波动会增加市场的不确定性，使市场主体面临的风险增加。按照凯恩斯的需求理论，此时市场参与者为应付不测之需，会持有一定的准备金，以应对货币价值波动带来的不确定性支出。三是货币价值波动会影响个人财富水平。财富水平的下降会使消费和投资意愿下降，持币观望现象增加，造成社会资本大量闲置，降低资金的使用效率。

总之，货币价值波动对经济系统具有宏观和微观层面的影响，其正向反馈作用会进一步加大货币价值波动。

第三章　揭开系统性金融风险的面纱

系统性金融风险的概念最初与金融危机联系在一起，到美国次贷危机后才成为理论界和世界各国监管层关注的焦点。现如今金融新业态不断涌现，金融系统出现新特征，为系统性金融风险因素的累积提供了可能。因此，探讨系统性金融风险有利于减少金融系统受到内外部的冲击，防范系统性金融风险的爆发和传染，维护金融稳定。

第一节　系统性金融风险的概念

一、金融风险的分类

风险意味着未来发生损失的可能性，金融风险是指金融体系中出现损失的可能性。金融风险主要有系统性金融风险和非系统性金融风险之分。

非系统性金融风险是在一定环境下，由于金融机构自身经营和风险管理能力不够，造成损失的可能性。这种结果出现局限于部分金融机构，无法对整个金融系统产生负面冲击。这类风险也是微观审慎监管的重点对象，其表现形式有信用风险、操作风险、流动性风险等。而系统性金融风险意味着对整个金融系统冲击带来的损失的可能性。

二、系统性金融风险的概念

从风险管理的角度来看，系统性金融风险不是事件，而是指事件发生的概率。金融系统是开放系统，而风险是指损害或损失的可能性。就金融系统来说，这种或然性可以通过风险产生的原因、过程和结果来界定。从原因来看，这种损害或损失的来源可以分为两类：内部来源和外部来源。金融系统作为一个开放的子系统，可以看作经济系统和社会系统的一个元素，它同经济系统和社会系统不仅有物质和能量的交换，还能够快速大量地进行交换。所以，系统性金融风险既有可能是金融系统内部产生的，也有可能是外部冲击引发的。内在原因主要是指金融系统内生脆弱性，虽然采取应对措施，可以防范和化解，降低其可能性，但不能完全消除。外部原因主要来自经济周期性、政策变革以及自然灾害等。从过程来看，通常是指无法理性预期的突发冲击，既会对金融系统的关键节点进行冲击，也会对整个金融系统产生影响。从结果来看，只有当这种冲击使整个金融系统遭受损失，甚至通过风险溢出波及实体经济时，这种风险才是系统性金融风险。

当前对系统性金融风险的概念没有统一权威的界定。国际清算银行（BIS）和国际货币基金组织关于系统性金融风险的定义是从金融系统内部的角度出发的，同其发挥作用的范围有关。在风险管理实践中，往往根据系统性金融风险的特性和结果来界定。于是，这里从区分系统性金融风险内部和外部来源进行界定：系统性金融风险是指金融系统受到外部冲击或内部结构的改变，使整个金融系统受到共同冲击，造成金融系统受到损害的可能性，其结果可能引发金融危机。

三、系统性金融风险、金融脆弱性与金融危机

系统性金融风险、金融脆弱性与金融危机是三个既有区别又有联系的概念。系统性金融风险要经历累积、爆发扩散的过程，是一个流量、动态的概念，伴随金融系统而存在，是不可避免的，是介于金融安全与不安全的一种状态。金融脆弱性是就金融系统本身而言的，存在使整个金融系统不稳定的内在因素，如高负债经营、货币价值波动等，最终导致金融系统趋于高风险的状态。也就是说，金融脆弱性的产生主要来自金融系统在组织架构、行为方式等方面的失衡。但是引发系统性金融风险的因素，除来自金融系统内在扰动外，还有宏观政策、经济周期等外部因素冲击。而金融危机是系统性金融风险爆发的结果，是指全部或大部分金融指标，包括短期利率、资产价格、商业破产数和金融机构倒闭数的急剧、短暂和超周期的恶化。与系统性金融风险的区别在于，一个是可能性，一个是现实发生的现象。

从三者的概念可以看出，三者有着紧密联系。金融脆弱性会增加系统性金融风险发生的可能性，是系统性金融风险爆发的内因，金融危机则是系统性金融风险事件，是系统性金融风险的一种特殊状态。

第二节　系统性金融风险的特征

一、系统性金融风险的一般特征

上述定义诠释了系统性金融风险所涉及的对象是整个金融系统，是整个

社会利益相关者，而不是单个金融机构或单个金融市场。系统性金融风险只有损失的可能性而没有获利的可能性，其结果只有损失或没有损失两种情况，治理的目标是金融体系稳定。与传统的单个风险相比，系统性金融风险具有以下特性：

（1）常态化。引发系统性金融风险的因素有内部因素和外部因素，内部因素具有内生性，外部则受政治、经济、政策以及自然灾害等不确定性因素的冲击。这使得系统性金融风险的诱因复杂多变，决定了系统性金融风险是介于金融安全与不安全之间的一种常态。

（2）不对称性。系统性金融风险是整个金融系统面临的威胁，风险一旦发生，必须对经济系统调整或监管纠错，付出巨大代价。系统性金融风险不具有收益的概念，只有损失的大小，收益与风险是不对称的。

（3）传染性。系统性金融风险在复杂的金融系统中具有较强的传染性，即产生风险的市场主体会风险溢出，对其相关金融机构产生负面冲击，这样金融风险会在市场之间、金融机构之间扩散传播，演化为全局性的风险，影响整个金融系统的安全。

（4）隐蔽性。在金融安全状态下，系统性金融风险同样存在，由于政策干预或金融系统内部结构调整，给金融系统带来缓冲机会，在短期内掩盖了系统性金融风险，但长期来看会导致系统性金融风险不断累积。同时，定义揭示了系统性金融风险的动态演化过程，这一过程包含风险的生成、累积、爆发传染三个阶段。风险因素是系统性金融风险产生的源头，风险的累积是影响风险突变的关键，风险的爆发传染是系统性风险演化为金融极度不安全状态的途径。系统性金融风险往往产生于金融安全时期，在金融活动中不断累积，当金融风险程度较低时，金融系统仍处于安全状态，当风险累积程度较高时，金融系统可能受到随机事件的冲击而导致风险爆发，随后不断传染扩散，使整个金融系统遭受损失。这一动态演变过程也隐含着金融安全、系统性风险和金融不安全之间的逻辑关系。随着系统性金融风险的生成累积，金融安全状态在特定的条件下会演变为金融极度不安全的状态，完成由量变到质变的过程。也就是说，系统性金融风险可以与金融安全并存，不是完全对立的。系统性金融风险的存在并不意味着金融系统不安全，金融安全也往往伴随着系统性金融风险。

（5）正反馈性。系统性金融风险的传导过程能充分体现系统论中的正反馈机制，主要表现在金融部门和实体经济之间。一般在经济上升期，伴随着信贷扩张，容易导致经济泡沫，系统性金融风险累积；在经济衰退期，在逆周期下，信贷收缩，当系统性金融风险爆发，其他的外部因素呈现正反馈效应，导致信贷门槛提高，加速实体经济资金链断裂，使风险放大外溢，加速经济衰退。

二、系统性金融风险的现实特征

（1）风险诱发因素多元化。一是银行系统内在的脆弱性。早期以银行业为主的金融系统，金融市场欠发达，银行是系统性金融风险爆发的主要阵地，而银行短存长贷的内在脆弱性是引发系统性金融风险的主要因素。这种银行内在脆弱性容易导致银行流动性和经营风险，出现"挤兑"现象，通过同业市场、支付清算系统等渠道影响其他银行，系统性金融风险从可能变成现实。二是金融市场中的非理性行为。随着金融市场的发展，直接融资的比重逐渐增加，资本市场多元化发展，金融市场在全球经济系统中的地位日益凸显。在信息不对称的条件下，金融市场中的投机行为容易导致非理性行为，使得金融资产价格大幅波动，成为诱发系统性金融风险的重要因素之一。三是不当的宏观经济政策的冲击。宏观经济政策的调整容易产生金融顺周期，而金融顺周期会加速资产泡沫的形成。四是金融创新和金融自由化的推进。金融产品的创新和金融自由化的推进意味着金融管制的放松，由于资本的逐利性，在不当的激励机制下，资本追求盈利的短期化，加大了金融市场的波动。

（2）传染渠道复杂化。系统性金融风险具有传染性，其传染的渠道随着金融系统的各市场主体关联的多元化而趋于复杂化。早期的银行危机的系统性风险的传染渠道如下：一是恐慌从众心理。由于信息不对称，存款人难以识别资产负债有问题银行和健康银行，有限理性的债权人无法对当前或未来做出较准确研判，可能出现恐慌，加之从众心理，极易出现挤兑事件。二是资产负债表。当银行遭遇挤兑时被迫抛售资产来偿还负债，而金融系统各基本元件之间联系日趋紧密，将容易带来更多资产抛售和资产价格下降，形成恶性循环。随着金融市场的发展，金融业务的链条不断延伸，系统性金融风险将通过业务链条传导。这是因为金融机构资产负债表是相互关联的，其信用链条依存度较高，当一家金融机构面临流动性不足时，既会影响到其自身的支付能力，也会影响与其有业务关系的金融机构，容易导致整个金融系统信用链断裂，引发系统性金融风险。总之，随着金融创新和影子银行的出现，金融机构之间的关联性更加复杂，系统性金融风险的传导渠道也更加多元化。

（3）波及范围广。早期系统性金融风险波及的范围主要集中在本国商业银行，涉及的金融行为主要是借贷行为。随着经济全球化，金融市场开放，直接融资渠道不断扩大，系统性金融风险涉及范围也随之延伸。从金融市场来看，涉及证券市场和外汇市场等；从金融机构来看，除影响商业银行、投资银行以及非银行金融机构外，还波及保险公司、证券公司、基金公司以及影子银行等。总之，金融体系所处的发展阶段不同，系统性金融风险的波及范围不同，系统性金融风险的主体范围也随金融业务链的延伸而逐步扩大。

第三节 系统性金融风险的经典理论

目前涉及系统性金融风险的经典理论主要有银行挤兑理论、信息不对称理论、金融脆弱性理论等。

一、银行挤兑理论

1983 年，Diamond 和 Dybvig 提出了银行挤兑理论，认为银行是金融系统的重要组成部分，其核心的职能之一是对存款进行期限配置，将流动性负债转变为流动性资产，并承担相应的金融风险。而银行本身是高负债经营，在期限配置时银行存款和贷款在时间上不同步，在数量上也不一致。一旦发生银行挤兑现象，正常运营的银行可能面临流动性冲击，出现倒闭。在此基础上，二人以博弈论为基础总结了 D-D 模型。该模型认为根据银行业务办理的时间优先原则，存款者预期发生改变，激发取款需求时，后续取款者为避免存款受到损失，可能发生挤兑行为，要求提前取款，这就导致银行系统流动性短缺，迫使银行提前收回贷款，引发系统性金融风险，进而影响实体经济的正常运行。关于挤兑风险，Diamond 和 Dybvig 认为可以采用行政手段禁止取款来缓解挤兑问题。但这只是指标不治本的办法，无法从根本上解决挤兑危机。因为禁令解除后，取款同样会要求兑现。为此，Diamond 和 Dybvig 提出了存款保险制度，当银行运营发生风险时，其存款的风险得到转移，即使银行倒闭，存款也有一定保障，避免遭受损失，从而增加了存款者的信心，有效了避免挤兑风险的发生。但存款保险制度的实施也可能出现道德风险等问题。一般来讲，造成银行挤兑的因素有两个：一是外部随机因素冲击，使银行流动性的供求矛盾凸显，一旦银行出现流动性短缺，可能导致银行挤兑；二是银行自身经营不善，资产负债表恶化，偿付能力差，资产安全性遭受质疑时，会出现银行集体挤兑。

二、信息不对称理论

传统经济理论认为，市场信息是完全的，市场主体可以零成本获取信息，并进行最优经济决策。而现实中，信息不对称是普遍存在的，市场参与者所拥有的信息禀赋是有差异的。在交易过程中，掌握充分信息的实体主体占有优势，信息不充分的一方处于劣势。也就是说，信息不对称会影响市场机制的有效运行。因此，在信息不对称的状态下，交易双方仅通过自由市场竞争难以实现帕累托改进，还会出现道德风险和逆向选择问题。

（1）道德风险。Arrow（1963）最先在经济学中引入道德风险的概念，认为医生可能通过信息优势来获取更大的收益。所谓道德风险，就是指交易双方由于一方改变交易行为使自身利益扩大，而对方受损的风险。与道德风险密切相关的是委托代理问题，即委托人让渡一定的决策权给代理人，代理人为委托人提供服务，并根据提供的服务的情况获取报酬。在这种委托代理关系中，，没有一种有效的分散机制能激发人们展示全部真实的信息，同时实现帕累托最优配置。也就是说，委托人和代理人各自效用不同，目标也不完全一致，在信息不对称的条件下会产生利益冲突。

（2）逆向选择。Akerlof（1970）在研究二手车市场问题时，探讨了逆向选择问题。所谓逆向选择，是指在交易过程中，信息充分的交易方在市场交易中受益，使对方受损，出现价格扭曲，交易效率低下的现象。比如，在二手商品市场、保险市场中由于信息不对称经常出现逆向选择的问题，最终导致市场失灵。

信息是有价值的，信息不对称的存在会出现道德风险、逆向选择和委托代理等问题，这些问题的出现会导致市场失灵，资源配置效率低下，也会导致相关契约关系改变。信息不对称在金融系统中普遍存在，是生成系统性金融风险的重要因素，影响金融市场的稳定运行。

三、金融脆弱性理论

金融脆弱性理论起源于马克思对货币脆弱性的论述。马克思认为，货币购买力的变动以及作为支付手段对信用的影响等方面表现出金融系统脆弱性的特征。凯恩斯从货币的供求阐述货币的脆弱性，认为人们对货币的需求主要有交易、投机和预防三方面的需求，仅从货币供给着手难以维持货币价值的稳定。费雪在此基础上进行拓展，认为经济周期与金融脆弱密切相关。

现代金融脆弱性理论就是在上述基础上发展起来的，明斯基（2009）认为金融系统具有内在不稳定性，阐述了金融系统由理性向非理性演变逻辑及其不稳定性的内在机制，指出在经济繁荣和衰退的交替过程中，融资具有不稳定性。具体来说，随着宏观经济环境变化，融资方会通过调整预期收益和风险偏好来改变投资方向和融资方式。为应对市场需求变化，金融机构将在合规的前提下进行调整，相应的资产负债情况会发生变化。另外，在流动供求再平衡的过程中，金融机构由于受到外界约束较多，难以及时做出调整，满足市场需求。这都会增加金融系统的脆弱性，影响金融系统的稳健性。

上述经典理论为系统性金融风险理论的延伸奠定了基础，为探讨货币价值波动影响系统性金融风险提供了理论依据。

第四节　系统性金融风险的可能性与现实性

为深入了解系统性金融风险的生成演化过程，须进一步研究系统性金融风险的可能性与现实性，其研究的起点是系统性金融风险的来源，主要体现在系统内部和外部冲击两个层面。从系统内部来看，一是货币因素。货币作为交易的媒介，是各交易主体之间以及政府与市场之间发生作用的纽带，在货币形式的演变、货币的本质及其职能中都孕育着系统性金融风险因素。二是信用因素。信用是货币支付的承诺，表现为债权债务关系。它使货币与商品运动分离，掩盖了生产与消费之间的矛盾，也使虚拟资本脱离实体资本独立化，导致虚拟经济与实体经济失衡，加深了系统性金融风险发生的可能性。三是与资本自有特性有关。首先是资本的逐利性导致金融资本与产业资本的对抗，引发金融资本对产业资本的挤占效应。其次是资本的构造性，即通过权力或制度安排使资产转化为资本，并在市场中实现增值的属性。它促使了资本的组合和交易，进而导致虚拟资本膨胀，金融系统脱实向虚。四是与金融系统自身有关。金融系统具有清算支付、融资、资源配置、风险管理等特有功能，以及高杠杆和网状结构的特点，其特有功能和特点加快了金融系统与实体经济的互动，使金融活动经常偏离均衡状态，并使金融系统对外界环境变化的敏感度更高。同时，由于金融系统自身制度的不健全以及信息不对称带来的道德风险将增加金融系统的脆弱性。从金融系统外部来看，主要受经济周期、宏观调控以及战争、自然灾害的冲击较大。就经济周期的来说，金融系统是经济系统的重要组成部分，经济繁荣和衰退的交替进行，容易导致资源错配，带来金融周期性变化；就宏观调控来说，无论是货币政策还是财政政策的调整，都将影响产业结构、收入分配结构、需求结构和供求结构的调整，进而影响实体经济。由于实体经济与金融系统的相互作用关系，实体经济的繁荣或衰退会导致金融市场的波动。马克思主义经典著作对上述因素都有系统的论述。虽然当前经济发展具有自身的规律和特征，与马克思所处时代不同，但马克思所揭示的系统性金融风险可能性和现实性的因素仍然存在，其许多结论对当前系统性金融风险的治理仍具有重要的指导作用。

一、系统性金融风险的可能性

系统性金融风险的可能性是指一种潜在的、抽象的可能性，还不具有系统性风险的现实内容。它是由金融系统运行过程中的潜在矛盾所决定的，是系统性金融风险转化为现实的前提。

（一）货币形式演变与系统性金融风险的可能性

货币起源于商品的内在矛盾，货币形式随着商品经济的发展不断演变。从贝壳、布帛等实物货币开始，随着"商品价值日益发展成为一般人类劳动的化身，货币形式也就日益转到那些天然适于执行一般等价物这种社会职能的商品身上，即转到贵金属身上"[1]，货币形式逐渐转移到金银这类特殊商品上来。随着商品交易总额越来越大，金银供给量难以与货币需求量保持同步，加之金银成色差异及其在交易过程中的磨损，导致金银的名义含量与实际含量不一致。"既然货币流通本身使铸币的实际含量同名义含量分离，使铸币的金属存在同它的职能存在分离，所以在货币流通中就隐藏着一种可能性：可以用其他材料做的记号或用象征来代替金属货币执行铸币职能。"[2] 这为纸币的出现提供了可能。在流通过程中，"货币作为商品价格的转瞬即逝的客观反映，只是当作它自己的符号来执行职能，因此也能够由符号来代替。但是，货币符号本身需要得到客观的社会公认，而纸做的象征是靠强制流通得到这种公认的"[3]。因此，纸币可以依靠国家的强制规定而有效流通。随着网络信息技术的发展，为了提高交易效率，突破商品交换的地方限制，货币形态趋向电子化和虚拟

---

[1]　中共中央编译局.资本论（第 1 卷）[M].北京：人民出版社，1975：105.
[2]　中共中央编译局.资本论（第 1 卷）[M].北京：人民出版社，1975：145.
[3]　中共中央编译局.资本论（第 1 卷）[M].北京：人民出版社，1975：149.

化，如电子货币、数字货币的出现。这些作为价值符号的货币虽已不具有商品的属性，可以脱离物质存在，失去了价值锚定的基础，但仍可以充当社会普遍接受的一般等价物，作为交易的媒介。

关于货币形式的演化历程，就物质形态来看，经历了实物货币、金属货币、纸币和虚拟货币的变迁；就价值形态来看，经历了从足值货币到价值符号的演变。这一演变的过程揭示了货币产生的根本目的是交易，交易过程中为满足商品经济发展的需要，不断提高交易效率，降低交易成本，使货币形式演变以便捷为导向，而不以人的意志为转移，具有历史的必然性。

（二）货币本质与系统性金融风险的可能性

货币形式不断演变，其本质却无法改变，仍是充当一般等价物的交易媒介，是社会生产关系的体现。

（1）货币作为商品交换的一般等价物。随着商品经济的发展，货币形式脱离了其商品属性，演变为一种价值符号，变成一种国家强制推行的，且被社会普遍接受的凭证，本身几乎没有价值。货币形式不断符号化和虚拟化，使商比如，首先符号化的货币为政府多发货币，为出现通货膨胀提供了可能，进而破坏了商品价值和货币价值的平衡，影响了货币价值的稳定性。通常货币贬值会使人们持有货币的意愿下降，而一旦货币不被社会普遍接受就会发生挤兑现象，极易出现货币危机和债务危机。

（2）货币作为社会关系的体现。首先，货币表现为经济关系。在商品生产过程中，货币通过工资、利润和租金等形式表现为生产关系，其中包括剥削与被剥削关系；在交换过程中，货币是价值的表现形式，围绕价值波动，经常偏离价值，此时货币表现为不等价交换，有利于垄断利润和超额利润的形成；在分配过程中，无论是初次分配时所有者与劳动者之间、国家与企业之间的分配，还是通过财政和信用手段进行再分配，都可能存在分配不均的现象。这些都将加速财富集中、贫富分化，加深生产与消费之间的矛盾。特别是信用货币出现后，货币的加速器作用更加明显，加速各种矛盾的深化。其次，货币表现为一种社会关系，它是"隐藏在物后面人的关系的表现形式"[1]。"货币是一切权力的权力"[2]，即货币表现为一种权力，它具有资源配置的作用，可以成为国家宏观调控的一种工具。通常国家掌握货币发行权，使得货币的发行变成了政

① 中共中央编译局.马克思恩格斯全集（第23卷）[M].北京：人民出版社，1972：109.
② 中共中央编译局.马克思恩格斯全集（第23卷）[M].北京：人民出版社，1972：786.

府的政策偏好，成为干预宏观经济的重要手段。但"如果纸币超过了自己的限度，即超过了能够流通的同名的金币量，就有信用扫地的危险"[①]。这意味着货币发行过多，就有贬值，甚至完全崩溃的可能。同时，货币政策的调控会导致汇率和利率的变化，直接引起金融市场的波动，并使信用规模不断扩张或收缩，使系统性金融风险不断生成。

（三）货币职能与系统性金融风险的可能性

货币形式是货币职能的载体。货币形式的演变促使了货币职能的更好发挥。其中价值尺度和流通手段是货币的基本职能，贮藏手段、支付手段和世界货币等职能是在两种基本职能中延伸而来的，这五种职能是相互联系、相互影响的。

货币作为价值尺度，是取得其他货币职能的前提。它既表现商品的价值，也度量商品价值量的大小，为不同商品价值比较奠定了基础。商品交换过程中，商品的价格是其价值的货币表现形式，价值量通过价格表现出来。"随着价值量转化为价格，这种必然的关系就表现为商品同在它之外存在的货币商品的交换比例。这种比例关系既可以表现商品的价值量，也可以表现比它大或小的量，在一定条件下，商品就可以按照较小或较大的量来让渡。可见，价格偏离价值量的可能性已经包含在价格形式本身中。"[②] 这说明一方面价值尺度是相对变化的，一旦人们质疑货币价值尺度的可靠性，对货币将失去信任，削弱货币职能；另一方面，价格受供求关系的影响，可能与价值量不一致，围绕价值上下波动，这正是价值规律对经济调节作用的表现形式，容易发生价格信息偏离现象，使交易双方对扭曲的市场信息做出错误判断，导致市场供求失衡。

货币作为流通手段，是交易的媒介，可以突破商品交换在时间和空间上的限制。"正是因为它把这里存在的换出自己的劳动产品和换进别人的劳动产品这二者之间的直接的同一性，分裂成卖和买这二者之间的对立"[③]，即在价值形态上使商品和货币对立。尤其货币符号化后，加速了信息流和资金流在流通过程中的传播，使交易链延伸，扩大了交易的空间，买卖分离使买卖不匹配问题更加突出，加大了商品和货币之间转化的不确定性，使商品的生产和价值的实现可能中断，产生危机。

货币作为贮藏手段，被人们收藏起来，是财富的象征。因为"商品的价

① 中共中央编译局.资本论（第1卷）[M].北京：人民出版社，1975：147.
② 中共中央编译局.资本论（第1卷）[M].北京：人民出版社，1975：122.
③ 中共中央编译局.资本论（第1卷）[M].北京：人民出版社，1975：133.

值则衡量商品对物质财富的一切要素的吸引力的大小，因而也衡量商品所有者的社会财富"[1]。因此，货币可以作为社会财富的一般形式被贮藏起来。而"货币贮藏的蓄水池，对于流通中的货币来说，既是排水渠，又是引水渠"[2]。也就是说，贮藏的货币可以作为流通领域的储备金，需要时可以用来购买生产和生活资料，进行再生产，不需要时则可以暂时退出流通领域。这样贮藏货币在自发地调节流通中的货币量的同时，容易造成货币供给量波动，也可能形成投机的力量，放大流通中货币量调节的作用，给金融或经济系统带来冲击。

货币作为支付手段，交易双方表现为一种债权债务关系。交易中的商品和货币不是同时出现，可以是货币支付的承诺，出现在未来，即信用的产生。在信用制度下，"在各种支付相互抵消时，货币就只是在观念上执行计算货币或价值尺度的职能"[3]。这样可以使支付的货币数量大幅增加，债务链条延伸，一旦出现到期债务无法偿还，"货币就会突然直接地从计算货币的纯粹观念形态变成坚硬的货币"[4]。一旦债务链条中断，可能引发系统性风险。

货币执行世界货币职能时，实质是货币超出国界，在国际市场上执行货币职能。其主要的职能是作为支付手段平衡国际贸易差额。但"要把财富从一个国家转移到另一个国家，商品市场的行情，不允许这种转移以商品形式实现"[5]。这隐含着世界货币职能得以执行的前提是各国具有充足的世界货币储备，当世界货币储备不足支付时，无法执行上述职能，就可能爆发债务危机。同时，基于商品进出口建立的贸易和信用关系拓宽了系统性金融风险传播的渠道，加快了风险传染的速度。

（四）资本的特性与系统性金融风险的可能性

资本的特性是指资本的逐利性和构造性。首先，资本的本性是逐利。正如马克思所指出的，"发财致富就是目的本身。资本的合乎目的的活动只能是发财致富，也就是使自身增大或增值。"[6] 由于资本的逐利性，在以资本为基础的生产过程中，"资本无限度地追求超额劳动、超额生存率、超额消费等等，

---

① 中共中央编译局.资本论（第 1 卷）[M].北京：人民出版社，1975：153.
② 中共中央编译局.资本论（第 1 卷）[M].北京：人民出版社，1975：154.
③ 中共中央编译局.资本论（第 1 卷）[M].北京：人民出版社，1975：158.
④ 中共中央编译局.资本论（第 1 卷）[M].北京：人民出版社，1975：158.
⑤ 中共中央编译局.资本论（第 1 卷）[M].北京：人民出版社，1975：165.
⑥ 中共中央编译局.马克思恩格斯全集（第 46 卷）[M].北京：人民出版社，1979：226.

它同样有超越这种比例（合乎比例的生产）的必然趋势"①。也就是说，为了资本增值，实现利润最大化，在加速资本积累过程中，会忽略经济体系中生产结构和分配比例的合理性，盲目扩大生产。"这种资本主义生产全力扩张的时期，通常就是生产过剩的时期，即危机的前奏。"②此时可能由于生产的无序扩大和消费者需求的有限性，导致供过于求以及经济结构的不均衡，带来不稳定性因素。

同时，由于资本的逐利性，资本会抓住一切机会去获取利润。而"利息最初表现为、最初是、并且实际上始终不外是利润即剩余价值的一部分"③，这使得"生息资本是作为所有权的资本与作为职能的资本相对立的"④。即金融资本与产业资本会因资本的逐利性而产生对抗。对抗的结果是利润进行重新分割，一旦金融资本所获取的利润份额更大，就会导致产业资本外溢，外溢的产业资本要么向金融资本渗透，加速产融结合，使金融资本膨胀，使产业资本和金融资本的互动机制改变，风险敞口变大；要么暂时退出资本循环，以货币形式被贮藏起来。不管产业资本采取哪种方式溢出，都会导致产业资本和金融资本的比例失衡，打破资本结构平衡，影响资本循环的连续性，可能引起资本过剩或短缺。

其次，资本的构造性即资本的人格化过程。资本是抽象的，必须依托真实可见的载体才能表现出来。在这个过程中，往往可以通过权力或制度安排来使资产演化为资本，实现自我增值。也就是说，资本的构造中载体的选择具有一定的主观性，既可以是有形自然状态的资产，也可以是虚拟的所有权凭证。通过对所有权的界定可以使虚拟的凭证在市场交易中获取收益，使所有权凭证具备资本的属性。这种在信用基础上构造的资本具有易组合、分割，交易灵活的特征，极易导致金融衍生工具的泛滥，使信用和虚拟资本的交易范围扩大，不断膨胀，经济过度虚拟化，为系统性金融风险的发生提供了可能。

二、系统性金融风险可能性转化为现实性的条件

系统性金融风险的可能性只是在商品经济条件下分析引发系统性金融风险的潜在可能，而系统性金融风险的可能性并不等于现实性。在资本的生产过

① 中共中央编译局.马克思恩格斯全集（第46卷）[M].北京：人民出版社，1979：397.
② 中共中央编译局.资本论（第2卷）[M].北京：人民出版社，2004：350.
③ 中共中央编译局.资本论（第3卷）[M].北京：人民出版社，1975：416.
④ 中共中央编译局.资本论（第3卷）[M].北京：人民出版社，1975：426.

程中，由于没有涉及价值和剩余价值的实现，现实的系统性金融风险无法表现出来，只有到流通过程才能得以初步表现。但仅在生产和流通领域来考察系统性金融风险的现实性也是不全面的，因为产生系统性金融风险的潜在矛盾只在生产和流通领域无法得到充分发展和激化。只有在资本生产总过程中，如在分配过程和再生产的流通过程中，这些潜在的矛盾会不断发展并衍生出一些新的矛盾，加上资本生产总过程中产生的一系列的条件和环境，当这些条件和环境动态积累到一定程度时，系统性金融风险的可能性才能转化为现实性。

正如马克思所说："现实危机只能从资本主义生产的现实运动、竞争和信用中引出。"[①] 通过市场竞争，资本和劳动力等生产资料会不断流动，从一个部门向另一个部门转移，并使一般利润率平均化。由于资本的逐利性，单个资本为实现利润最大化，将加速资本积累，导致资本有机构成提高，使人口相对过剩，再生产周期性变化。同时在资本积累过程中，由于单个资本自身积累的局限性，往往利用信用手段来加快资本积累，而"信用制度表现为生产过剩和商品过度投机的主要杠杆"[②]，可以说信用制度的出现把再生产过程推向了最极端的边界。因此，在竞争和信用的条件下，加速资本积累会使再生产的平衡不断被打破，加速生产的无限扩张和消费者的贫困，扩大贫富差距，激化生产与消费之间的矛盾。正是这些复杂的作用因素才使系统性金融风险由可能转化为现实。

三、系统性金融风险的现实性

随着商品经济的发展，金融系统的内在矛盾以及金融系统受外界冲击的作用机制不断发展变化，使系统性金融风险可能性转化为现实性的条件不断成熟，现实性的系统性金融风险爆发。

（一）经济周期性

马克思早在一百多年前就注意到经济周期现象，他指出"随着大工业的产生，这种正确比例必然消失；由于自然规律的必然性，生产一定要经过繁荣、衰退、危机、停滞、新的繁荣等等，周而复始地更替"[③]。这意味着经济运行出现繁荣和萧条不断交替的现象是必然的。当然，这种现象的出现是有其物质基

---

① 中共中央编译局.剩余价值理论（第2册）[M].北京：人民出版社,1975：585.
② 中共中央编译局.资本论（第3卷）[M].北京：人民出版社，1975：499.
③ 中共中央编译局.马克思恩格斯选集（第3卷）[M].北京：人民出版社，1995：626.

础和原因的。

马克思认为,"这种由若干互相联系的周转组成的包括若干年的周期,为周期性的危机造成了物质基础"[①]。也就是说,经济周期的物质基础是固定资本周转。因为每次危机之后,百业待兴,恰是大规模投资的开始。随着投资规模的扩大,大规模固定资本更新、新技术的应用使经济出现新的繁荣,合乎比例的经济关系会再一次被破坏。正如马克思所指出的,"现代工业才会经常地出现生产过剩和生产不足的现象——由于比例失调而带来的经常的动荡和痉挛"[②]。也就是说,比例失调是导致经济周期性波动的原因,这里的比例失调主要是指由竞争所带来的社会劳动分配的失调。

而由于金融系统的特有功能与实体经济发展的联系紧密,其稳定性受实体经济周期变化的影响较大,主要表现在以下方面:一是由于实体经济与金融系统的作用机制,经济周期变化影响金融资产的价格变化。伴随着经济危机,金融市场会大幅波动,使金融指标不断恶化,甚至导致金融系统崩溃。二是在萧条时期,由于生产资料价格和利率较低,即投资成本低,将刺激投资。在这一过程中,竞争和资本的逐利性容易使资源错配:一方面,在新的繁荣时期,投资者对未来预期充满信心,会加大杠杆,透支未来资源;另一方面,促使现有资源不断流向经济效益好的领域,出现"马太效应"。这即使经济产业结构发展不平衡,产生新的供需矛盾,也会带来经济泡沫。而"危机永远只是现有矛盾的暂时的暴力解决,永远只是使已经破坏的平衡得到瞬间恢复的暴力的爆发"[③]。因此,一旦矛盾深入发展,被激化,就会爆发新的危机。

(二)资本的扩张

资本的逐利性是资本扩张的动因,"过剩资本"是资本扩张的现实基础。"所谓资本过剩,实质上总是指利润的下降不能由利润的增加来抵消的那种资本——新形成的资本嫩芽总是这样——的过剩,或者是指那种自己不能独立行动而以信用形式交给大经营部门的指挥者去支配的资本的过剩。"[④]因为资本是逐利的,为追求高利润,"过剩资本"往往会打破空间和行业的限制进行流动,寻找有利的投资场所,资本扩张也就成了一种必然趋势。但随着资本控制

① 中共中央编译局.资本论(第2卷)[M].北京:人民出版社,2004:207.
② 马克思.政治经济学批判大纲(第3册)[M].刘潇然,译.北京:人民出版社,1963:359.
③ 中共中央编译局.资本论(第3卷)[M].北京:人民出版社,1975:278.
④ 中共中央编译局.资本论(第3卷)[M].北京:人民出版社,1975:279-280.

力的不断增强和渗透范围的扩大，资本扩张也面临一些挑战。

首先，随着资本的扩张，"以资本为基础的生产，其条件是创造一个不断扩大的流通范围，不管直接扩大这个范围，还是在这个范围内把更多的地点创造为生产地点"①。换句话说，资本一方面具有不断扩大流通范围的趋势，因为"创造世界市场的趋势已经直接包含在资本的概念本身中"②，另一方面具有创造越来越多的剩余价值的趋势。按照这种趋势，资本在价值产生、流通过程中都会受到或多或少的限制，进而产生矛盾。在价值产生过程中，为了获取更多的剩余价值，势必加快资本积累。在技术进步的进程中，随着不变资本投入的增加，劳动生产力不断提高，使资本价值构成提高，导致对劳动力需求下降，因为"劳动生产力越是增长，资本造成的劳动力供给比资本对工人的需求越是增长得快"③，结果形成相对人口过剩，使劳动与资本两极分化。这样，"在一极是财富的积累，同时在另一极，即在把自己的产品作为资本来生产的阶级方面，是贫困、劳动折磨、受奴役、无知、粗野和道德堕落的积累"④，进而使资本家和工人的贫富分化日益严重，使生产与消费之间矛盾不断深化，出现生产相对过剩。在资本流通中，随着生产规模的扩大，"整个再生产过程可以处在非常繁荣的状态中，但商品的一大部分只是表面上进入消费，实际上是堆积在转卖者的手中没有卖掉，事实上仍然留在市场上"⑤。一旦为了支付，商品持有者必须把商品转化为货币，系统性金融风险就可能爆发。

其次，随着资本有机构成的提高，生产部门的利润率趋向下降。马克思也意识到，"以实在货币为起点和终点的流通形式 G-G'，最明白地表示出资本主义生产的动机就是赚钱。生产过程只是为了赚钱而不可缺少的中间环节，只是为了赚钱而必须干的倒霉事"⑥。因此，随着生息资本和信用不断发展，金融资本不断扩张，出现了股票、债券、商业票据等虚拟资本形式。"所有这些证券实际上都只是代表已积累的对于未来生产的索取权或权利证书，它们的货币价值或资本价值，或像国债那样不代表任何资本，或完全不取决于它们所代表的现实资本的价值。"⑦ 这意味着虚拟资本只代表一种收益的索取权，自身是

①　中共中央编译局.马克思恩格斯全集（第46卷）[M].北京：人民出版社，1979：390.
②　中共中央编译局.马克思恩格斯全集（第46卷）[M].北京：人民出版社，1979：359.
③　中共中央编译局.资本论（第1卷）[M].北京：人民出版社，1975：733.
④　中共中央编译局.马克思恩格斯选集（第2卷）[M].北京：人民出版社，1995：259.
⑤　中共中央编译局.资本论（第2卷）[M].北京：人民出版社，2004：89.
⑥　中共中央编译局.资本论（第2卷）[M].北京：人民出版社，2004：67.
⑦　中共中央编译局.资本论（第3卷）[M].北京：人民出版社，1975：531.

无价值的。且"因为它（证券的市场价值）不是由现实的收入决定的，而是由预期得到的、预先计算的收入决定的"①，所以虚拟资本具有投机性，可以通过投机炒作获取利润。由于资本的逐利性，产业资本将加速向虚拟经济领域转移，导致虚拟资本膨胀和实体经济萎缩，甚至使虚拟经济脱离实体经济，自我繁殖。马克思也指出："一旦劳动的社会性质表现为商品的货币存在，从而表现为一个处于现实生产之外的东西，货币危机——与现实危机相独立的货币危机，或作为现实危机尖锐化表现的货币危机——就不可避免。"②实践证明，由于虚拟资本的自我膨胀，信用链条延长，杠杆作用不断放大，一旦资本回流中断，信用链条破坏，独立的货币危机就会发生。同时，虚拟资本与实体资本的对抗形成了虚拟资本的挤出效应，导致实体经济空心化，容易造成经济系统失衡。从失衡到再平衡的过程容易引发系统性金融风险。

（三）信用的发展

信用是商品经济发展的产物，信用的出现意味着交易双方关系改变，表现为债权人和债务人的关系。"随着商业和只是着眼于流通而进行生产的资本主义生产方式的发展，信用制度的这个自然基础也在扩大、普遍化和发展。"③这就是说信用加剧了生产和流通的分离。从再生产过程来看，"信用使货币形式上的回流不以实际回流的时间为转移，这无论对产业资本家来说还是对商业资本家来说都是如此"④。在繁荣时期，似乎资本回流的连续性很好，"因为信用的回流会代替实际的回流"⑤。这掩盖了供求之间的矛盾。一旦信用紧缩，资本实际回流的速度下降，生产与消费之间的矛盾和债务链中断，便可能引发系统性金融风险。

另外，信用的出现也增加了支付手段的数量，成为资本积累的杠杆，使资本扩张不再完全依赖货币增加。因为"在这种信用制度下一切东西都会增加一倍和两倍，以致变为纯粹幻想的怪物一样"⑥。也就是说，信用的发展为资本快速扩张提供了新的思路。在信用的发展过程中，信用在空间上由民间信用向国家信用，乃至国际信用扩张；在形式上，从商业信用、银行信用向股份信用

① 中共中央编译局.资本论（第3卷）[M].北京：人民出版社，1975：530.
② 中共中央编译局.资本论（第3卷）[M].北京：人民出版社，1975：585.
③ 中共中央编译局.资本论（第3卷）[M].北京：人民出版社，1975：450.
④ 中共中央编译局.资本论（第3卷）[M].北京：人民出版社，1975：507.
⑤ 中共中央编译局.资本论（第3卷）[M].北京：人民出版社，1975：507.
⑥ 中共中央编译局.资本论（第3卷）[M].北京：人民出版社，1975：535.

等形式扩张，这使得信用类型不断增加，信用链条不断延伸，使支付过程中涉及的对象和内容增多，增加货币支付的脆弱性。同时，"信用制度加速了生产力的物质上的发展和世界市场的形成；使这二者作为新生产形式的物质基础发展到一定的高度"①。但是，"在再生产过程的全部联系都是以信用为基础的生产制度中，只要信用突然停止，只有现金支付才有效，危机显然就会发生"②。因此，通过信用和竞争，虽可使支配的资源成倍增加，促使产业资本不断扩张和虚拟资本总量不断增加，但在信用制度下，资本扩张的结果是供求不平衡、虚拟资本膨胀、贫富差距加大。所以，当信用的规模随利率等因素变化时，经济运行的均衡状态很容易被打破，进而影响金融系统的稳定性。

这些关于系统性金融风险的论述是对系统性金融风险的生成进行全面梳理和科学的认识。对照当前的经济环境和经济发展的特点，不难发现世界各经济体仍存在爆发系统性金融风险的可能性和现实性。

① 中共中央编译局 . 资本论（第 3 卷）[M]. 北京：人民出版社，1975：499.
② 中共中央编译局 . 资本论（第 3 卷）[M]. 北京：人民出版社，1975：554-555.

第四章　货币价值波动影响系统性
金融风险的演化机理

　　系统性金融风险的发生是金融系统的失衡再平衡的过程，一般经历风险的累积、突变、传导和爆发四个阶段。金融系统的失衡主要包括货币供求失衡、资金借贷失衡、资本市场失衡以及国际收支失衡等，这些失衡不是独立的，是相互联系的。一种均衡关系被破坏，会导致其他均衡关系失衡。同时一种均衡关系稳定保持，会抑制其他均衡关系的失衡。金融系统失衡会出现许多不平衡现象，如货币价值持续波动、贫富差距过大以及国际收支不平衡等，这些现象是金融系统自身不平衡以及外部经济政策干预的共同结果。

　　货币价值波动是金融系统失衡的表象之一。关于货币价值波动对系统性金融风险的影响，经典的金融风险理论也有涉及，但对二者承前启后的逻辑关系缺乏系统的分析。因此，这里从二者内在的理论逻辑关系着手，就系统性金融风险产生的内因来看，货币价值波动会增加金融系统的脆弱性。就外因而言，货币价值波动会导致经济周期性波动。总之，伴随着货币价值波动，系统性金融风险在经济活动中不断累积，导致金融系统从均衡走向失衡，最终引发系统性金融风险。

第一节　系统性金融风险的一般演化过程

　　系统性金融风险事件的爆发不断警示我们，系统性金融风险严重影响经济金融的平稳健康运行。风险事件爆发也表明系统性金融风险发生前具有前奏，通常表现为部分经济金融指标异常波动。为准确识别金融风险因素，提高金融系统运行的安全性，应从系统性金融风险演化路径着手，探索系统性金融风险的本质诱因。

　　系统性金融风险的演化是一个由量变到质变的过程。在金融安全环境中，系统性金融风险会不断累积，累积到一定程度会爆发并通过各种途径传染，引发金融危机。为动态刻画系统性金融风险的演化，将其演化过程分为风险累积、风险爆发和风险传导三个阶段。

一、系统性金融风险的累积

　　系统性金融风险的历史事件表明，系统性金融风险的爆发是有前奏的，要经历一个长期的累积过程。风险的累积过程包含资产价格泡沫的形成和金融系统内在脆弱性增加。伴随着金融系统性风险的生成，货币价值大幅波动，在宏观经济环境向好的情况下，投资者具有强烈的资产价格上涨预期，从而使资产的价值估计远远大于其真实价值，容易引发资产价格泡沫。资产泡沫本身不会引发系统性金融风险，但资产泡沫的累积会刺激银行过度放贷，使得市场主体（企业、居民等）负债率增加。这样信用扩张和高负债成为真正威胁金融系统的重要因素。

二、系统性金融风险的爆发

随着系统性金融风险的累积，一旦达到某个阈值，整个金融系统或部分金融中介容易遭受外在冲击，而触发金融风险事件，这种冲击既可以是对个体的冲击，造成局部损失，也可以是宏观冲击，导致整个金融系统，甚至整个经济系统受损。这种冲击的形式多元化，有个别机构的信用事件、主权债务违约事件、支付或清算系统操作失灵、金融资产价格的大幅波动、宏观政策的重大调整（如利率调整）等。由于信息不对称，外在的冲击会间接影响到其他相关金融机构或市场主体决策，进而导致金融系统乃至经济系统的大幅波动，最终引发系统性金融风险。

三、系统性金融风险的传导

（一）系统性金融风险的内部传导

金融系统是开放的经济子系统，具有复杂性和同质化的特点。在金融系统之间的关联使得相互持有风险敞口，资产负债表的同质化，以及与其他经济子系统交换过程中，金融机构之间的收益具有很强的相关性。而风险伴随着收益存在，复杂的金融系统成为风险和收益发生的主要阵地，相关的市场主体成为金融风险网络上的关键节点，构成金融风险内部传导的物理基础。而在金融系统的复杂网络中，各种金融交易活动成为连接各个节点的纽带，金融系统内部的交易活动主要发生在支付系统、银行间市场和金融衍生产品市场。在交易过程中，系统性金融风险可以通过上述物理渠道传导，同时心理预期改变进一步强化系统性金融风险的内部传导。

（二）系统性金融风险的外部传导

系统金融风险的外部传导途径如下：一是实体经济向金融系统溢出。市场资源配置的扭曲或失效必然会对实体经济带来影响，造成不同程度的损失，相应形成的风险从实体经济向金融系统传导，主要通过信贷渠道来传递。通常，宏观经济环境变化，信贷随之紧缩或扩张。当宏观环境预期不好，金融机构紧缩银根，缩减信贷规模，或提高贷款准入门槛，减少贷款供应，容易导致银行不良资产率上升，增加金融系统的脆弱性。另外，政策调整，尤其是货币和财政的政策的调整也会影响资源配置效率，进而影响经济增长速度。当经济增长速度放慢，实体经济不景气会导致企业负债率上升，信用违约概率也进一步提高，反过来恶化金融机构资产负债。二是跨区域传导。在经济全球化的进程中，国际分工格局变化，各国经济活动往来密切，不断跨越国界参与全球资源配置。国际金融市场是全球资源配置的重要场所，其使得各国的经济和金融体系之间的联系日益密切，系统性金融风险通过风险溢出这一渠道传递成为一种常态，表现为一个国家的系统性金融风险溢出到另一国家。跨区域传导的渠道最主要的是对外贸易和对外投资。从对外贸易渠道来看，如果危机发生国是进口国，一方面由于其实体经济受到冲击，国民财富大幅缩水，信用规模急剧收缩，消费者对未来预期趋于悲观而缩减消费，导致进口需求大幅减少。另一方面，如果危机发生在出口国，由于系统性金融风险在国内的传导往往导致外汇市场波动，汇率下跌，则严重影响相似经济结构国家的竞争优势。此外，出于对本国经济前景的担忧和保护本国产业的需要，危机发生国的贸易保护主义情绪升温，可能招致贸易伙伴报复，结果导致贸易量下滑。从对外投资渠道来看，由于系统性风险爆发导致金融机构大量损失，其被迫从投资国撤回资金救火。大量资金，尤其是投机性的"热钱"撤回，可能导致投资国资本市场动荡和实体经济"失血"，这对于发展中国家可能是灾难性的。

第二节　金融脆弱性视角下系统性金融风险的演化

明斯基（2009）认为金融脆弱性是造成金融系统内在不稳定的核心要素，也容易使金融系统遭受外来冲击而引发系统性金融风险。金融脆弱性与金融系统内在的运行机制是分不开的，如金融机构内在运行机制的缺陷、金融资产价格的剧烈波动以及国际金融体系的严重不均衡发展等，都会增加金融系统内在的脆弱性。而货币价值波动会通过这些渠道增加金融系统的脆弱性，进而提高系统性金融风险发生的可能性。

一、货币价值波动增加银行系统的脆弱性

（一）货币价值波动导致融资结构不合理

银行作为系统重要性金融机构，是金融体系的重要组成部分，也是系统性金融风险爆发的重灾区。银行是从事信贷业务的金融机构，其主要利润来自存贷利息差。在行业竞争激烈的环境下，银行为提高盈利能力和市场竞争力，具有过渡放贷的可能。而货币价值波动会影响银行放贷的意愿，当货币价值下降，货币存量的增长速度大于社会财富的增长速度时，整个经济体的流动性相对充足，银行为扩展自身业务，可能放松贷款要求。尤其在经济繁荣时期，借贷双方受信贷宽松政策的刺激，会不断提高杠杆比率。这使得投机性融资和庞氏融资的比例越来越大，而补偿性融资的比例越来越小。按照明斯基（2009）的观点，以补偿性融资为主的经济体系是相对稳健的，而以投机性融资和庞氏融资为主的融资结构会降低经济安全边际。也就是说，货币价值波动会导致这种金融不稳定的融资结构出现，银行系统的脆弱性也随之增加。

（二）货币价值波动影响银行的流动性

银行流动性是指银行满足提现、正常贷款需求以及偿还到期债务的能力。银行作为高负债经营的市场主体，负债与股权资本比例很高，其流动性充足与否取决于银行资金头寸管理和资产质量状况。而货币价值波动会影响银行资金头寸管理，主要体现在流动性供求的匹配情况。从流动性的需求来看，货币价值波动影响储蓄者存款的真实购买力，当存款收益率远远低于通货膨胀率时，意着存款价值不断缩水，增加公众的持币成本，降低公众持币的意愿，进而使得公众通过大量购买实物进行消费，导致储蓄率下降，增加银行的流动性需求。同时对企业来说，货币价值波动可能会降低企业的实际融资成本，刺激投资需求，使信用不断扩张，进一步提高银行流动性需求。从银行流动性的供给来看，货币价值波动影响银行资产的变现能力。也就是说，货币价值波动会导致银行流动性的供求变化，进而影响银行资金头寸管理。此外，货币价值波动也会影响银行资产质量，而银行资产质量的高低会影响银行的流动性。由于信息不对称和交易成本的存在，货币价值波动会使银行面临逆向选择和道德风险问题，降低银行资产质量。在信贷过程中，银行为降低信贷风险，通常要求贷款人提供相应的抵押品，抵押品可以是实物资产，也可以是金融资产，贷款金额往往通过抵押品的价值来确定，而抵押品的价值一般用货币来表示。当货

币价值上涨，抵押品的价值上升，贷款金额随之增加，债务人的负债率也上升，一旦货币价值下降，抵押品贬值，当抵押品的价值低于贷款数量时，往往债务人会选择违约，导致银行资产恶化，不良资产增加，影响银行的流动性。总的来说，银行往往借短贷长，进行期限配置，合理管理其资金头寸，以获取最大利润。但在获取利润的同时必须注重其资产质量。因为货币价值波动会通过影响银行资金头寸管理和资产质量，影响银行流动性的变化。当银行流动供求不匹配，出现严重失衡，就会增加银行系统内生脆弱性，可能引发银行挤兑风险。

总之，货币价值波动会导致不稳定的融资结构，也会冲击银行的流动性，可能打破银行系统的平衡。无论是不合理的融资结构还是流动性短缺，都是金融系统形成内在不稳定性和容易遭受外部冲击的根源所在，导致银行系统脆弱性增加，进而诱发系统性金融风险。

二、货币价值波动增加国内金融市场的脆弱性

市场通常具有双面效应，既有调和缓解矛盾的功能，也能在特定条件下扩大和激化矛盾，金融市场也不例外。当金融市场成为矛盾放大的场所时，意味着金融市场运行失衡，内生脆弱性。而货币价值波动可以通过影响投资者信心和投资速度变化，来扩大和激化国内金融市场矛盾，增加金融市场的脆弱性。

（一）货币价值波动影响投资者信心

信心是金融市场健康运行的基石，公众对市场信心的变化是金融市场的内生脆弱性的直接原因。货币价值波动影响金融资产价格的波动，改变投资者预期，影响投资者对金融市场的信心。当货币价值下降，金融资产价格上涨，对金融市场信心增加；货币价值上升，金融资产价格下降，导致公众丧失金融市场信心。而由于个体的从众心理，使得信心具有传递性。部分人对金融市场信心增加，会通过从众心理向外蔓延，强化市场信心。相反，如果部分人丧失金融市场信心，也会通过相同机制，形成信心危机。在金融市场上，当金融产品的收益达不到预期时，会动摇公众持有相关金融产品的信心。这也导致市场对相关金融机构信用评级下降，使投资者丧失信心，开始抛售相关资产。一旦引起其他人从众效仿心理，容易造成信心崩溃。由于信心危机的传递，可能蔓延到同类或关联性较强的金融资产，进而造成整个金融市场恐慌。结果是市场参与者出于保值减损的目的，会一致性地采取相应措施，造成金融市场的大幅

波动，增加国内金融市场的内在脆弱性。

（二）货币价值波动影响投资速度变化

通常金融结构、投资预期收益以及必要报酬率的变动会影响投资速度变化。而货币价值波动会通过影响上述因素，进而导致投资速度加快或延缓。从金融结构来看，货币价值波动会影响资本存量变化，进而影响投资与储蓄，改变金融系统各组成部分的相互关系和状态，导致金融结构变化。一般来讲，系统结构的变化会引起系统功能的变动，因而金融结构变化会导致金融系统功能的变化，成为影响投资加速加量的重要因素。从投资预期收益来看，投资预期收益可以看作资本资产价格与投资成本之差。而货币价值波动意味着购买力的变化，影响资本资产与货币的交换比例，进而导致资本资产价格变动。在投资成本不变的情况下，投资的预期收益会与资本资产价格同方向变动。也就是说，资本资产价格上涨会提高投资者的预期收益，刺激投资需求，加快投资速度。反之，则延缓投资速度。从投资必要报酬率来看，投资必要报酬率就是最低报酬率。货币价值波动表现为商品或服务的价格变化，可能造成通货膨胀率的变动，进而影响投资必要报酬率。投资必要报酬率提高会刺激投资需求，促使投资速度加快。

由于资本的逐利性，投资速度的变化的正向反馈作用，容易造成经济过热或过冷，给金融市场带来巨大冲击。同时，投资速度变化会影响企业价值，进而影响企业的融资能力和意愿，融资能力影响企业融资方式，融资意愿影响企业融资规模，进而影响信用规模的变化，导致国内金融市场的流动性过剩或不足，加剧国内金融市场的波动。

三、货币价值波动增加国际金融市场的脆弱性

相对国内金融市场，在开放经济环境下影响国际金融市场脆弱性的因素更复杂。货币价值波动可以通过对汇率的变动以及国际债务链等方面的渠道，增加国际金融市场的脆弱性。

（一）货币价值波动导致汇率变动

货币价值波动在世界范围内表现为汇率的变动。汇率代表两国货币价值的对比关系，当一国货币升值，其购买力增强，汇率上升；一国货币贬值，其购买力下降，汇率下降。也就是说，无论是固定汇率制还是浮动汇率制，货币价值波动都会影响全球汇率市场的稳定性。

在固定汇率制下，降低汇率风险有利于国际贸易和国际投资。但固定汇率制度也存在不足之处：一是需要大量的外汇储备和良好的国际收支状况；二是需要均衡的金融体系；三是容易导致汇率高估或低估。首先，货币价值波动会通过影响汇率波动，进而影响国际贸易，导致外汇储备变化。因为本国货币贬值，购买力下降，有利于出口贸易的增长。反之，货币升值阻碍出口贸易。当一国出口额大于进口额，就会形成贸易顺差，增加外汇储备，反之外汇储备减少。其次，货币价值波动是影响金融系统均衡的重要因素，离开了均衡的金融系统，即使拥有大量外汇储备，也难以抵挡外部冲击。最后，在固定汇率制度安排下，汇率会在某一水平上持续较长时间。货币价值波动会使得一国汇率的高估或低估现象无法及时调整。因此，在固定汇率制度下，货币价值波动会弱化汇率体系的稳定性，增加金融体系内在的脆弱性。

在浮动汇率制下，货币价值波动会加大汇率波动、加速短期国际资本的跨境流动。首先，货币价值波动会加大汇率的波动，进而增加进出口型企业的汇率风险。因为货币价值波动会影响进出口商品的交易价格，还会导致汇率的大幅波动，进出口型企业既要面临商品价格下跌的风险，也要面临交易汇兑风险，即在结算时外币资产的折算风险。这些风险直接影响企业的盈利能力，使出口企业的资产负债表恶化，影响企业的健康持续发展。由于进出口企业运营的需要，其与银行等金融机构联系紧密。这样，进出口型企业遭遇的风险很容易成为国际金融市场风险的导火索，影响国际金融市场的安全。其次，由于资本的逐利性，货币价值波动会通过影响投资的预期收益，导致短期国际资本在世界范围内的流动。这样容易导致投资过热，形成经济泡沫，也会加大国内通胀压力，增加金融系统内在不稳定性。因此，在浮动汇率制度下，货币价值波动会加快汇率波动的频率和幅度，也会加剧国际资本的跨境流动。这样容易导致汇率异常波动和错位，削弱监管当局对国际资本流动的控制能力，进一步增加国际金融市场的不稳定性，扩宽系统性金融风险的传导途径，增加金融系统的脆弱性。

（二）货币价值波动增加了国际债务链的脆弱性

随着金融市场的全球化和自由化的进程，国家之间的借贷活动更加频繁。一般来说，发展中国家为了促进经济增长，放宽资本管制，大量引进外资。货币价值的波动也会影响这些资本的流动。当本国货币价值上升，就会促使外资持续流入，且这些资金很大一部分是以债务形式流入。一旦国内贷款成本高于国外的贷款成本，促使国内企业大量向国外举债，容易出现过度负债。债务过高本身就隐藏着风险，加上这种债务以短期居多，形成的债务结构不合理。另外，这些短期资金通常会选择进入回报率高、流动性好的金融市场，而不会进入实体经济部门，这容易形成泡沫经济。这样的外资也是不稳定的，一旦出现不利因素，就会马上撤离，加大金融市场的波动性。也就是说，这样的国际债权债务关系很容易遭到破坏。随着债务链的延伸，遭受货币价值波动冲击的可能性也不断增加。在错综复杂的债权债务关系中，任何一个环节被破坏，都会引起连锁反应，危害国际金融体系的安全。在国际货币体系不对称的背景下，货币价值波动会加剧国际债务的膨胀，带来畸形的国际债务结构，增加国际债务链条的违约风险。

货币价值波动会引起汇率波动，增加国际债务链违约的可能，这无疑会增加国际金融体系的脆弱性，使国际金融市场面临的金融风险更大。

第三节　经济周期视角下系统性金融风险的演化

经济周期是指经济活动沿着经济发展的总体趋势所经历的有规律的扩张和收缩，是国民总产出、总收入和总就业的波动，是国民收入或总体经济活动扩张与紧缩的交替或周期性变化（凯恩斯，1999）。在不同历史阶段，经济周期具有不同的特点，其内容和表现形式也不同。但经济周期作为经济运行中的必然现象，是客观存在的，也是生成系统性金融风险的现实基础。货币价值波动可以通过影响资本边际效率、世界经济周期波动外溢以及心理预期变化等渠道影响经济周期性波动。

一、通过影响资本边际效率变化引起经济周期波动

货币价值波动幅度越大，意味投资风险越高，相应的风险溢价越大，进而影响投资的预期收益效率，即资本的边际效率变化。而资本边际效率是影响投资决策的关键因素。当资本边际效率大于投资成本（市场利率）时，会刺激投资需求，导致投资增加。由于资本边际效率递减，随着投资增加，资本边际效率下降，此时投资需求降低，可能导致经济衰退。也就是说，资本边际效率是周期性波动。资本边际效率的周期性变动会导致经济周期性波动，且两者的波动具有同步性。

二、通过影响世界经济周期波动外溢引起经济周期波动

经济周期性波动是世界各国共同面临的经济问题。随着经济全球化进程，货币价值波动会通过政策效应外溢、国际贸易等渠道叠加和共振，使得世界主要经济体的经济周期波动外溢，进而使世界各国经济周期出现同步性。从政策效应外溢来看，随着经济全球化程度加深，一国经济政策调整除受本国货币价值波动的影响外，还受其他国家货币价值波动的影响，尤其是国际本位币价值波动的影响。也就是说，本国货币价值波动不仅通过宏观经济政策调整影响本国经济发展趋势，也会通过资本流动、国际贸易以及资本市场等渠道影响其他经济体的发展趋势。如美元价值的波动导致美国宏观经济政策效应外溢，进而导致美国经济周期波动外溢，引起其他相关国家产生联动性经济周期波动。

三、通过影响心理预期变化引起经济周期波动

预期是一种主观心理活动，会影响市场主体投资决策行为。对个人来说，由于货币作为财富象征，货币价值波动会直接影响个人财富水平。同时，货币价值波动意味着商品或服务价格的变化，进而影响个人消费和投资的预期变化。对企业来说，首先，货币价值波动会直接影响企业投资预期。在开放经济条件下，价值标准的稳定性对企业投资决策的影响更大。因为随着企业跨区域、跨境生产和销售，货币价值波动越大意味着企业面临的收益和风险更大。部分风险偏好型企业会加大投资力度，进一步推动投资预期上升。其次，货币价值波动会通过影响企业投资收益改变其投资预期。货币价值波动在一个国家范围内会影响原材料、劳动力等要素的价格变化。这样货币价值波动会影响企业的运营成本和企业产品的价格，在产出不变的情况下，会影响企业的收入。也就是说，货币价值波动会影响企业的利润率。利润率是企业进行投资决策的关键指标之一，其趋势的变化会影响企业投资的认知和判断，进而改变企业投资的预期。最后，货币价值波动会通过影响宏观经济政策的调整影响企业投资预期。货币价值波动影响政府对货币政策、财政政策和汇率政策的调整，而宏观经济政策的调整会影响经济发展的趋势。国家宏观经济形势向好，会使企业形成乐观预期，增强投资信心，加大投资额度，延长投资时间。如果宏观经济出现相反趋势，那么企业投资会出现悲观预期。

货币价值波动会通过影响财富水平变化、投资收益以及宏观经济政策变化，使得市场主体的认知、判断、情绪等发生改变，进而影响市场主体的心

理预期。这种心理预期变化在经济周期波动中起着重要的作用。从投资渠道来看，市场主体对未来经济预期乐观，会增加投资，促使经济繁荣发展；如果对未来经济预期悲观，则会减少投资，可能导致经济衰退。从动物精神来看，大多数经济行为源自理性的经济动机，但也有许多经济行为受动物精神的支配（凯恩斯，1999）。也就是说，预期在人们真实的观念和情感等动物精神的驱使下，影响社会总求求的变化，进而导致经济周期性波动。从信用周期来看，心理预期的变化对信用周期的影响具有关键作用。因为预期是市场主体进行投资决策的核心要素，预期的变化影响信用需求周期性变化。同时，理性预期是信用供给决策的重要因素。在经济景气时，对信用风险的预期较乐观，信用的需求和供给随之膨胀。反之，信贷紧缩。这样，从信贷繁荣到信贷紧缩构成了信用周期的基础。信用周期性变化会加剧经济周期性波动。

总之，经济周期是客观存在的规律，经济周期也意味经济繁荣与萧条的交替出现。在经济周期波动的过程中孕育着系统性金融风险。在经济繁荣时期，投资的预期收益较高，刺激投资需求，导致信用扩张。信用扩张的渠道主要有债券发行、银行借贷以及商业信用等，涉及的经济主体众多，包括政府部门、金融机构以及企业。信用的膨胀不外乎是产业资本和金融资本扩张的结果。大量信用流入产业资本，会打破商品市场的供需平衡，为生产过剩提供可能。如果大量信用流入金融资本，会助长金融投机活动，容易催生资产价格泡沫，使经济虚拟化。同时信用扩张会使金融交易活动的链条延伸，相关经济主体的债务大幅增加，当债务超出其偿付能力范围，就会增加系统性金融风险。无论是生产相对过剩、金融市场泡沫还是信用膨胀，都会加速金融系统的失衡。但在繁荣时期，金融系统的失衡往往容易被掩盖，系统性金融风险虽不断增加，但可能爆发的条件还不成熟。一旦经济出现衰退，就会出现商品价格大幅下降，资产价格泡沫破灭，企业债务违约，银行资产恶化。在金融系统严重失衡再平衡过程中，系统性金融风险将生成演化，最终可能引发金融危机。

第五章　货币价值波动影响系统性金融风险的历史研究

强调一般性理论分析，而忽略历史事实，往往会使理论和现实相分离。由于系统性金融风险自身具有很强的历史特性，为全面准确把握货币价值波动与系统性金融风险的逻辑关系，应运用历史分析法，分析货币价值波动对系统性金融风险的影响。为此，本章从时间和空间两个维度简要梳理历史上系统性金融风险事件的爆发情况，分析系统性金融风险爆发前货币价值波动情况，在此基础上对货币价值波动影响系统性金融的情况进行概率检验，结果发现货币价值波动是系统性金融风险爆发的先兆，有助于提高系统性金融风险发生的概率。

第一节　系统性金融风险发生的历史事件

一、系统性金融风险历史事件的时间分布

系统性金融风险既是历史问题也是现实问题，已成为人类经济发展的顽疾，引起了学术界和各国政府的高度关注。可以说，金融发展的历程是一部系统性金融风险爆发史。从早期普鲁士铸币危机、1825 年的第一次世界经济危机爆发到 2007 年美国次贷危机，再到 2010 年的欧洲主权债务危机，至今世界各国仍面临着系统性金融风险的威胁。从时间维度来看，无论是在农业文明时期、工业文明时期还是当前世界经济多极化的情况下，都爆发过系统性金融风险事件。从空间来看，不论是发达国家还是新兴经济体，不管在欧洲、美洲还是亚洲区域，都发生过系统性金融风险事件，无一例外。

（一）系统性金融风险的表现形式及时间窗口选择

系统性金融风险在不同历史时期具有不同的特征和表现形式。IMF 在 2008 年 5 月出版的《世界经济展望》中认为，系统性金融风险的表现形式主要有货币危机、银行危机、债务危机和综合性危机，进一步细分包括证券市场危机和金融衍生品市场危机。货币危机通常是指一国货币出现大幅贬值情况；银行危机是指银行系统出现挤兑或流动性不足而引发银行倒闭，或迫使政府救助的现象；债务危机是指国家政府因无力偿还外债，导致债务违约的现象；综

合性危机是指多种危机共同发生，使经济金融系统崩溃，经济活动不能正常运行。无论系统性金融风险以何种形式表现出来，都会使风险爆发地的经济受到重创，同时波及周边区域，乃至全世界。面对其巨大破坏性，人们难免会提出系统性金融风险能否避免的疑问。为此，从历史角度对系统性金融风险事件进行考察，以史为鉴，全面了解系统性金融风险发生的先兆，探究其内在的本质和规律，以提高系统性金融风险的防治能力。

在不同的历史阶段，经济金融的发展具有不同的时代特征，应运而生的系统性金融风险事件也具有差异性。为能清晰概括各阶段系统性金融风险事件的特征，现将考察的时间划分为四个阶段，即农业文明时期（18世纪60年代以前）、资本主义早期（第一次工业革命到19世纪70年代）、垄断资本主义时期（二次工业革命后到20世纪70年代）、世界经济多极化（20世纪80年代后），并对历史上所发生的系统性金融风险事件按照时间顺序分为四个阶段进行统计，统计数据可能不全面，尤其对早期一些不发达国家爆发的系统性金融风险事件存在遗漏。

（二）系统性金融风险的时间分布

1. 农业文明时期爆发的系统性金融风险（18世纪60年代以前）

（1）农业文明时期系统性金融风险爆发的情况。在农业文明时期，世界经济一共发生6次系统性金融风险事件，其中综合性危机出现3次，是这一时期的主要表现形式，货币危机出现2次，具体统计如表5.1所示：

表5.1　18世纪60年代以前爆发的系统性金融风险

国家（地区）	银行危机	货币危机	债务危机	综合性危机	合　　计
普鲁士		1622年			1
荷兰				1637年	1
法国				1720年	1
英国	1720年				1
奥地利		1694年			1
阿姆斯特丹				1763年	1
合计	1	2		3	6

资料来源：金德尔伯格《经济过热、经济恐慌及经济崩溃：金融危机史》；卡门·M.莱因哈特、肯尼斯·罗格夫《这次不一样？800年金融荒唐史》。

（2）农业文明时期系统性金融风险的特点。由于农业文明时期的社会形态、生产关系以及经济运行规律与现代社会存在较大差异，农业文明时期的系统性金融风险具有鲜明特征。首先，在农业社会，人均物质水平是判断经济社会发展水平的重要标准。物质短缺是影响经济运行失衡，甚至导致社会动荡、经济系统崩溃的主要因素。从表5.1可以看出，农业社会时期爆发系统性金融风险的次数较少，主要是由于战争、自然灾害和农业歉收等外部因素引发的系统性金融风险。在生产效率较低的农业社会，这些外部冲击将导致农产品产量下降，加上当时农产品储备不足，抗风险能力差，容易引起商品价格的大幅变动。同时，战争和自然灾害等外部因素会造成人口数量和结构的改变，进而影响农产品的供给和需求，增加政府债务，甚至引发债务危机和社会经济紊乱。其次，国家政策和分配关系的改变也会带来经济运行的失衡。在农业社会，阶级结构和国家政策决定社会分配关系。由于政策和阶级结构的变化，权贵阶级与贫民之间的收入分配严重不均，极易引起财富集中，导致破产农民增加，这就逐步打破了经济社会资源的平衡，为危机爆发埋下了隐患。但由于农业社会时期经济社会相对封闭，商品与资本流动少，银行发展缓慢，风险传导机制不健全，所以同期性全球范围的系统性金融风险也没有出现。

2. 资本主义早期爆发的系统性金融风险（第一次工业革命到19世纪70年代）

（1）资本主义早期系统性金融风险爆发的情况。在资本主义早期，世界经济一共发生121次系统性金融风险事件，其中以银行危机和债务危机形式为主，银行危机爆发过48次，债务危机爆发过54次，货币危机8次，综合性危机11次，具体情况统计如表5.2所示：

表5.2 资本主义早期爆发的系统性金融风险

国家（地区）		银行危机	货币危机	债务危机	综合性危机	合 计
非洲	阿尔及利亚	1870年				1
	埃及			1876年		1
	突尼斯			1867年		1

国家（地区）		银行危机	货币危机	债务危机	综合性危机	合 计
亚洲	印度	1863 年				1
	日本				1872 年	1
欧洲	奥地利		1812 年、1873 年	1802 年、1805 年、1868 年	1857 年	6
	爱尔兰	1836 年、1856 年				2
	比利时	1838 年、1842 年、1848 年、1870 年				4
	丹麦	1813 年、1857 年、1877 年				3
	法国	1802 年、1805 年、1827 年、1838 年、1848 年、1864 年、1867 年、1871 年	1864 年	1812 年	1837 年	11
	德国	1857 年	1816 年		1857 年	3
	希腊			1826 年、1843 年、1860 年		3
	普鲁士			1807 年、1813 年		2
	意大利	1866 年				1
	荷兰			1814 年		1
	葡萄牙	1846 年	1808 年	1837 年、1841 年、1845 年、1852 年	1828 年	7
	俄国	1863 年、1875 年	1810 年	1839 年		4

续　表

国家（地区）		银行危机	货币危机	债务危机	综合性危机	合　计
欧洲	西班牙	1814 年、 1829 年、 1846 年		1809 年 1820 年、 1831 年 1834 年、 1851 年 1867 年、 1872 年 1882 年		11
	瑞典	1811 年、 1876 年		1812 年		3
	土耳其		1829 年	1876 年		2
	英国	1815 年、 1825 年、 1837 年、 1847 年、 1866 年、 1878 年	1816 年		1797 年、 1810 年、 1819 年、 1836 年、 1847 年、 1857 年	13
美洲	阿根廷			1827 年		1
	玻利维亚			1875 年		1
	智利			1826 年		1
	哥伦比亚			1826 年		1
	哥斯达黎加			1828 年、 1874 年		2
	多米尼加			1872 年		1
	厄瓜多尔			1826 年、 1868 年		2
	萨尔瓦多			1828 年		1
	危地马拉			1828 年		1
	洪都拉斯			1828 年、 1873 年		2

国家（地区）		银行危机	货币危机	债务危机	综合性危机	合　计
美洲	墨西哥			1827年、1833年、1844年、1866年		4
	尼加拉瓜			1828年、1874年		2
	巴拉圭			1874年		1
	秘鲁	1872年		1826年、1876年		3
	乌拉圭			1876年		1
	委内瑞拉			1826年、1848年、1860年、1865年		4
	加拿大	1837年、1866年、1873年				3
	美国	1814年、1818年、1825年、1836年、1841年、1857年、1861年、1864年、1873年				9
合计		48	8	54	11	121

（2）资本主义早期系统性金融风险的特点。从表5.2可以清楚看出，资本主义早期系统性金融风险的爆发与当时的经济运行环境和社会历史条件密切相关，具有以下几个特点：第一，危机的爆发呈现周期性，且爆发的原因主要集中在经济系统内部。与农业社会时期相比，资本主义早期的系统性金融风险具有明显的周期性，每隔10年左右发生一次，这也充分说明资本主义早期的经济繁荣和衰退交替的频率加快，经济波动的周期变短。无论是从外部冲击还是经济系统内部因素来看，资本主义早期系统性金融风险周期性爆发与其经济

运行的特征是密不可分的，系统性金融风险爆发主要起源于经济系统内部。第二，系统性金融风险的传播途径趋向多样化，范围不断扩大。第一次工业革命后，工业化进程不断加快，主要的资本主义国家之间贸易越来越密切，国家之间贷款、资本流动越来越频繁。尤其是殖民掠夺的不断扩张，资本辐射范围更加广泛。到1870年，英国对外投资49亿美元，法国对外投资达25亿美元，荷兰也有5亿美元，且这些早期资本主义发达国家随后的对外投资额度大幅增加（金德尔伯格，2010）。也就是说，系统性金融风险的传导机制可以通过国家之间贸易、殖民掠夺和对外投资等途径形成。同时，英国作为第一次工业革命的发源地，工业化水平较高，在此期间，英国经济社会发展水平处于世界领先地位，也成了系统性金融风险爆发的中心。也就是说，此时经济越发达，系统性金融风险爆发的频率越高。随后爆发的范围从英国、法国、荷兰等主要资本主义国家不断向日本和俄国等国家扩散，形成了不断向世界范围扩散的趋势。第三，工农业联系不断加深，投机活动增加。在资本主义早期，随着工业发展，工业在国民经济中的比重越来越大，农业的比重下降。与此同时，工农业的联系不断加深：一方面，农产品产量的变化导致农产品价格波动，进而影响工业部门生产；农业技术改造和组织变迁等都给工业带来影响。另一方面，随着农业市场化程度的提高，工业部门爆发的危机很容易传染到农业部门，也就是说，工农业通过市场联系越来越紧密，工农业市场逐步形成价格传导机制。另外，在工业化进程中，权贵资本家手中不断积累大量盈余资本，财富越来越集中。随着大量投机类企业和交易所的出现，越来越多的企业关注金融和资产的交易，投机活动日益频繁，其中投机股票、小麦、纺织品、铁路、运河等活动较多，过度投机经常导致资产价格大幅波动，增加了经济系统波动的可能性。

3.垄断资本主义时期爆发的系统性金融风险（二次工业革命后到20世纪70年代）

（1）垄断资本主义时期系统性金融风险爆发情况。在垄断资本主义时期，世界各国共发生238次系统性金融风险事件，其中以银行危机形式出现104次，以货币危机出现的次数为29次，以债务危机形式出现87次，以综合性危机形式出现18次，具体统计如表5.3所示：

表5.3 垄断资本主义时期爆发的系统性金融风险

国家（地区）		银行危机	货币危机	债务危机	综合性危机	合 计
非洲	中非共和国	1976 年	1971 年			2
	埃及	1907 年、1931 年	1941 年			3
	摩洛哥		1947 年	1903 年		2
	南非	1977 年	1919 年			2
	津巴布韦			1965 年		1
亚洲	中国	1883 年、1923 年、1931 年、1934 年	1947 年	1921 年、1939 年		7
	印度	1908 年	1943 年	1958 年、1969 年、1972 年		5
	印度尼西亚				1966 年	1
	日本	1882 年、1901 年、1907 年、1917 年、1923 年、1927 年	1945 年	1942 年	1900 年、1931 年	10
	马来西亚				1975 年	1
	菲律宾		1970 年			1
欧洲	奥地利	1924 年、1929 年	1922 年	1938 年、1940 年	1931 年	6
	爱沙尼亚	1930 年、1931 年				2
	比利时	1914 年、1925 年、1931 年、1934 年、1939 年			1900 年	6

国家（地区）		银行危机	货币危机	债务危机	综合性危机	合　计
欧洲	丹麦	1885年、1902年、1907年、1921年、1931年	1971年			6
	芬兰	1900年、1921年、1931年、1939年				4
	法国	1882年、1889年、1904年、1907年、1930年	1958年、1968年		1900年	8
	德国	1901年、1977年	1923年	1932年、1939年	1900年、1931年	7
	希腊	1931年	1944年	1893年、1932年		4
	匈牙利	1931年	1946年	1932年、1941年		4
	意大利	1887年、1891年、1893年、1907年、1914年、1921年、1930年、1935年	1963年			9
	荷兰	1897年、1914年、1921年、1939年				4
	挪威	1898年、1921年、1931年、1936年	1978年			5
	波兰	1926年、1931年	1923年	1936年、1940年		5
	葡萄牙	1920年、1923年、1931年		1890年		4
	罗马尼亚	1931年		1933年		2
	俄国（苏联）	1896年	1923年	1885年	1900年	4

国家（地区）		银行危机	货币危机	债务危机	综合性危机	合 计
欧洲	西班牙	1920年、1924年、1931年		1882年	1977年	5
	瑞典	1897年、1907年、1922年、1931年				4
	瑞士	1910年、1931年、1933年				3
	土耳其			1931年、1940年		2
	英国		1964年		1890，1931，1974年	4
美洲	阿根廷	1885年、1914年、1931年、1934年	1970年、1975年	1890年、1951年、1956年		9
	玻利维亚			1931年		1
	巴西	1890年、1897年、1900年、1914年、1923年、1963年		1898年、1902年、1914年、1931年、1937年、1961年、1964年		13
	智利	1907年、1976年	1972年	1880年、1931年、1961年、1963年、1966年、1972年、1974年	1898	11

续　表

国家（地区）		银行危机	货币危机	债务危机	综合性危机	合　计
美洲	哥伦比亚			1880 年、1900 年、1932 年、1935 年		4
	哥斯达黎加			1895 年、1901 年、1932 年、1962 年		4
	多米尼加			1892 年、1897 年、1899 年、1931 年		4
	厄瓜多尔			1894 年、1906 年、1909 年、1914 年、1929 年		5
	萨尔瓦多			1898 年、1921 年、1932 年、1938 年		4
	危地马拉			1894 年、1899 年、1933 年		3
	墨西哥	1883 年、1893 年、1908 年、1929 年	1976 年	1898 年、1914 年、1928 年		8
	尼加拉瓜			1894 年、1911 年、1915 年、1932 年、1979 年		5

国家（地区）		银行危机	货币危机	债务危机	综合性危机	合 计
美洲	巴拿马			1903 年、1932 年		2
	巴拉圭	1890 年		1920 年、1932 年		3
	秘鲁			1892 年、1931 年、1969 年、1978 年	1976 年	5
	乌拉圭	1893 年、1898 年、1971 年		1891 年、1915 年、1933 年		6
	委内瑞拉	1978 年		1892 年、1898 年		3
	加拿大	1906 年、1908 年、1912 年、1923 年	1962 年			5
	美国	1884 年、1907 年、1914 年	1907 年、1958 年、1960 年、1973 年		1890 年、1929 年	9
大洋洲	澳大利亚	1893 年				1
合计		104	29	87	18	238

（2）垄断资本主义时期系统性金融风险的特点。垄断资本主义时期系统性金融风险呈现出新的特点。其一，危机爆发的领域逐步从实体经济转向虚拟经济。19 世纪末 20 世纪初，由于对新兴产业的过度投机，导致产能过剩，危机大多最先爆发于实体经济。二战后，布雷顿森林体系建立，国际货币体系不断完善，在疯狂对外扩张过程中，金融作为瓜分世界利益和各国经济发展的

重要工具，其作用和地位日益凸显。随后，系统性金融风险起源于虚拟经济领域的频率越来越高。其二，危机爆发的中心在发达的资本主义国家，尤其是美国。在此期间，美国在两次世界大战期间经济获得快速发展，取代英国成为世界经济中心，对外扩张和经济发展迅速使其成为世界第一大经济体。美国经济系统受外部冲击的不确定性增加，内部风险也随经济增长而不断累积，成为系统性金融风险的主要爆发地。其三，货币与系统性金融风险的关系被清晰刻画。在此期间，很多系统性金融风险是全球性。在一战之前，各国实行金本位制的货币制度，货币价值虽然会由于资金外流与金本位发生偏离，但往往一段时间后货币价值会回归。因此，这期间发生的货币危机较少。但在两次世界大战期间，金本位制削弱，银行危机和货币危机发生的频率较高。二战后，随着布雷顿森林体系建立，各国加强了对资本的管制，尤其对银行业实现严格监管，有效减少了银行危机。但由于存在货币政策与当时汇率制度的冲突，货币危机仍时有发生。其四，危机的传染速度加快，同步性下降。由于产业资本和银行资本的融合，实体经济与虚拟经济的联系更加密切，相互影响，一旦爆发危机，彼此会迅速传染。另外，对外扩张加速，各国经济体之间相互作用的机制逐步形成，危机也能在世界各经济体之间迅速传递。但此期间受战争影响，各国经济发展速度不一，国家综合竞争力差距不断扩大，各国调控经济的力度和保护政策有所加强，从而使世界各经济体的独立性相应增强，危机的同步性也随之下降。例如，美国在 1957 年、1960 年发生危机，此期间德国经济增长速度虽有所下降却没有爆发实质性的系统性金融风险。

4. 世界经济多极化时期爆发的系统性金融风险（20 世纪 80 年代后）

（1）世界经济多极化时期系统性金融风险爆发情况。世界经济多极化出现后，世界经济在 70 个国家或地区共发生 239 次系统性金融风险事件，其中以银行危机形式出现 112 次，以货币危机形式出现的有 39 次，以债务危机形式出现 69 次，以综合性危机形式出现 19 次，具体统计如表 5.4 所示：

表3.4　世界经济多极化时期爆发的系统性金融风险情况

国家（地区）		银行危机	货币危机	债务危机	综合性危机	合　计
非洲	阿尔巴尼亚	1992 年				1
	阿尔及利亚	1990 年		1991 年		2
	安哥拉	1992 年	1996 年	1985 年		3

国家（地区）		银行危机	货币危机	债务危机	综合性危机	合　计
非洲	中非共和国	1988 年		1981 年、1983 年		3
	科迪特瓦	1988 年	1994 年	1983 年、2000 年		4
	喀麦隆	1989, 1996 年				2
	埃及	1980 年、1990 年		1984 年		3
	刚果民主共和国	1982 年、1991 年、1994 年				3
	肯尼亚	1985 年、1992 年、1996 年		1994 年、2000 年	1993	6
	毛里求斯	1997 年	1980 年	1983 年、1986 年		4
	摩洛哥	1983 年		1982 年、1986 年		3
	尼日利亚	1993 年	1995 年	1982 年、1986 年、1992 年、2001 年、2004 年	1997	8
	南非			1985 年、1993 年	1989	3
	突尼斯	1991 年	1997 年			2
	赞比亚		1993 年	1983 年		2
	加纳	1982 年、1997 年				2
	津巴布韦		2008 年	2000 年		2

国家（地区）		银行危机	货币危机	债务危机	综合性危机	合　计
亚洲	中国	1997 年				1
	中国香港	1982 年、1984 年			1998 年	3
	印度	1995 年				1
	印度尼西亚	1992 年、1994 年、1997 年	1983 年	1998 年、2000 年、2002 年		7
	日本	1995 年			1990 年	2
	韩国	1986 年			1997 年	2
	马来西亚	1985 年			1997 年	2
	缅甸	1996 年	2002 年	2003 年		3
	菲律宾	1998 年	1984 年	1983 年	1981 年	4
	斯里兰卡	1989 年		1980 年、1982 年		3
	中国台湾	1983 年、1995 年、1997 年				3
	越南	1997 年				1
	泰国	1980 年、1983 年、1987 年、1996 年	1981 年			5
	以色列				1983 年	1
欧洲	爱沙尼亚	1992 年、1994 年、1998 年				3
	冰岛	1985 年、1993 年		2010 年		3

续　表

国家（地区）		银行危机	货币危机	债务危机	综合性危机	合　计
欧洲	丹麦	1987 年、1990 年	1993 年			3
	芬兰	1991 年	1982 年			2
	法国	1994 年				1
	希腊	1997 年		2010 年		2
	匈牙利	1993 年				1
	意大利	1990 年				1
	挪威	1987 年	1988 年			2
	波兰	1991 年		1981 年		2
	罗马尼亚	1990 年		1981 年、1986 年		3
	俄罗斯	1995 年		1991 年	1998 年	3
	西班牙	1983 年	1992 年			2
	瑞典			1982 年	1991 年	2
	土耳其	1982 年、1991 年、2000 年	2001 年		1994 年	5
	英国	1984 年、1991 年、1995 年				3
美洲	阿根廷	1980 年、1985 年、1995 年	1981 年、2002 年	1982 年、2001 年	1989	8
	玻利维亚	1987 年、1994 年、1999 年	1982 年、1985 年	1980 年、1986 年、1989 年		8

国家（地区）		银行危机	货币危机	债务危机	综合性危机	合　计
美洲	巴西	1985 年、1990 年、1994 年	1989 年、1999 年	1983 年		6
	智利	1980 年	1981 年	1983 年		3
	哥伦比亚	1998 年	1995 年		1982 年	3
	哥斯达黎加	1987 年、1994 年	1982 年	1981 年、1983 年、1984 年		6
	多米尼加共和国	1996 年、2003 年	2004 年	1982 年、2005 年		5
	厄瓜多尔	1981 年、1994 年、1996 年、1998 年	2000 年	1982 年、1999 年、2008 年		8
	萨尔瓦多		1986 年		1998 年	2
	危地马拉	1991 年、2001 年、2006 年	1990 年	1986 年、1989 年		6
	洪都拉斯	1999 年、2001 年、2002 年	1991 年	1981 年		5
	墨西哥	1981 年、1992 年、1994 年、1997 年	1987 年、1989 年	1982 年		7
	尼加拉瓜	1996 年、2000 年	1987 年、2002 年			4
	巴拿马	1988 年		1983 年、1987 年		3

国家（地区）		银行危机	货币危机	债务危机	综合性危机	合　计
美洲	巴拉圭	1998 年、2002 年		1986 年、2003 年		4
	秘鲁	1987 年、1999 年	1990 年	1980 年、1984 年	1983 年	6
	乌拉圭	1981 年、2002 年	1993 年	1983 年、1987 年、1990 年、2003 年		7
	委内瑞拉	1981 年、1985 年	1980 年、1989 年、1996 年	1983 年、1990 年、1995 年、2000 年	1994 年	10
	加拿大	1983 年				1
	美国	1984 年、1987 年			2000 年、2007 年	4
	牙买加	1994 年、1998 年				2
大洋洲	澳大利亚	1989 年				1
	新西兰	1987 年				1
合计		112	39	69	19	239

资料来源：王德祥《经济危机全球化条件下的世界金融危机研究》；卡门·M.莱因哈特、肯尼斯·罗格夫《这次不一样？800 年金融荒唐史》；聂富强《中国金融安全状态研究：监测与预警》。

（2）世界经济多极化时期系统性金融风险的特点。由于布雷顿森林体系解体和石油危机影响，国际金融体系遭受严重打击，以美国为代表的发达资本主义国家陷入经济困境，经济增速放缓，世界经济格局发生了重大转折，经济发展呈现新的特征。一是经济全球化加速。20 世纪 80 年代后，发达国家通过跨国投资、兼并等方式实现产业结构调整升级，发展中国家不断承接产业链中技术含量低的行业，这使得全球各经济体的贸易关系日益紧密，贸易在经济发展中的作用也相应提高。全球贸易总额不断增加，贸易全球化进一步深入的趋势日益深化。在经济全球化进程中，要实现生产要素跨国流动、贸易自由化势必要扫清商品和资本在国际市场自由流动的障碍，其中国际金融体系的建立健全是关键所在。也就是说，金融全球化是一种趋势，也是一个客观历史过程，所以金融全球化也就成了经济全球化的核心内容。金融全球化提高了资本的流动性和交易效率，促进了金融自由化的发展，使各国经济对本国生产要素和国内市场的依赖度下降，也进一步加速了经济全球化，使全球经济的系统性风险不断累积。二是虚拟经济快速膨胀。伴随着金融全球化，各国放松金融管制，金融自由化趋势向纵深发展，金融创新层出不穷。而虚拟经济是独立于实体经济且围绕虚拟资本循环运动的经济活动，其在金融自由化过程中，增长速度进一步提升，规模甚至远远超过实体经济。三是世界经济多极化，经济发展不平衡。美国经济经历"滞胀"后，经济增长缓慢，而欧盟、日本迅速崛起，综合竞争力不断提升，成为世界两大新的经济中心，挑战美国经济的霸主地位。同时，受经济全球化的影响，以中国、印度、巴西和俄罗斯为代表的新兴经济体迅速发展，推动了世界经济格局的变化，促使世界经济走向多极化。当然，世界经济多级化发展也伴随着全球经济发展失衡，表现为赤字与盈余并存、投资过热与投资不足并存、过度消费与消费不足并存以及产业发展和资本流动失衡的现象突出。

通过观察 20 世纪 80 年代以来爆发的系统性金融风险，发现其与其他历史时期相比，具有以下的特征：一是系统性金融风险并非"小概率"事件。从表 5.4 可以看出，在世界经济多极化的背景下经济发展不平衡，金融自由化进程加快，虚拟经济快速膨胀，系统性金融风险发生的频率非常高，并通过银行危机、主权债务危机、货币危机等多种形式表现出来。这表明系统性金融风险不再是"黑天鹅"事件（"小概率"事件），而是一种"灰犀牛"事件（发生概率大、影响大的事件）。也就是说，当风险累积具有一定必然性，金融风险的爆发具有偶然性，发生的时间和区域是随机的。二是系统性金融风险破坏性大，复杂性显现。随着经济全球化进程的深化，全球各经济体的相关性和依赖度高，危机往往跨越国界，产生风险溢出效应，其破坏性不断加大，往往爆发全球性危机。同时，随着金融全球化的进程，金融自由化程度和金融创新力度加大，金融机构、金融市场和金融产品的关系更加密切，产融结合程度不断深入，各经济部门相互渗透，风险源逐渐增加，传播速度加快，使系统性金融风险的复杂性显现，危机的影响和破坏程度难以估计，而各国政府化解危机的措施将影响国际金融体系的运行状况。三是系统性金融风险的发源地向新兴经济体蔓延。经济发展发达国家一直以来是危机的发源地，但在世界经济多极化背景下危机的发源地不再集中在发达国家，新兴经济体爆发危机的频率不断增加，且远远超过发达国家。这是由于全球经济发展不平衡导致缺乏资本的新兴经济体对外资的依赖度提高，各新兴工业国家为吸引国际资本往往推行金融自由化政策，放松资本管制，带来了高成本的外债，同时促进了虚拟经济的膨胀，使经济泡沫化，导致新兴工业国家产业结构矛盾更加尖锐。这些问题都是新兴经济体金融系统性风险累积的内在因素，自然成为风险发源地的根源所在。

二、系统性金融风险历史事件的空间分布

从空间分布来看，系统性金融风险的分布较广泛，遍布各个大洲，其空间分布情况如表 5.5 所示。在第一阶段和第二阶段，系统性金融风险的重灾区在金融发展水平较高的欧洲；进入第三阶段后，随着美国经济的崛起，世界经济中心逐步转移到美国，系统性金融风险在美洲爆发的频率不断上升，欧洲仍是系统性金融风险的高发区域；在第四阶段，随着世界经济多极化，系统性金融风险的爆发中心逐步向开放的发展中区域转移，如 20 世纪 80 年代的拉美地区和 20 世纪 90 年代的东亚地区。

表5.5　系统性金融风险事件的空间分布

区　域	阶段				合　计
	第一阶段	第二阶段	第三阶段	第四阶段	
欧洲	6	76	98	38	218
美洲		40	104	108	252
亚洲		2	25	38	65
非洲		3	10	53	66
大洋洲			1	2	3
合计	6	121	238	239	604

就分布的总体情况来看，系统性金融风险爆发次数从高到低依次为美洲、欧洲、亚洲、非洲和大洋洲，占总爆发次数的比例分别为 41.7%、36%、

11.8%、11%、0.5%。也就是说，金融活动活跃的美洲和欧洲地区发生系统性金融风险的频率较高，而金融业相对落后的其他洲发生系统性金融风险的频率较低，具体情况如图 5.1 所示：

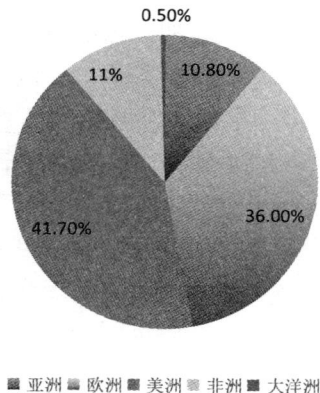

图 5.1　系统性金融风险事件发生的空间分布情况

　　图 5.1 说明系统性金融风险的爆发与各区域金融发展水平密切相关，即金融系统越发达的地区，爆发系统性金融风险的可能性越大；金融发展水平越低的区域，风险发生的概率相对较小。因此，随着金融体系的不断发展，其伴随的金融风险隐患是世界各国不可忽视的。

三、历史事件的启示

（一）系统性金融风险具有普遍性

　　从系统性金融风险发生的历史来看，不同历史时期、不同区域都爆发过不同形式的系统性金融风险事件，这表明系统性金融风险事件在时间和涵盖的对象上具有普遍性。因为系统性金融风险事件是金融系统失衡再平衡过程的集中表现，表现为繁荣背后的崩溃，是金融周期的一种客观反映，涵盖整个金融系统。从风险爆发的时间分布来看，由于不同历史时期经济运行环境以及政府对经济干预的程度不同，风险的发生具有周期性；从影响的主体来看，系统性金融风险事件影响的对象非常广泛，包括消费者、投资者和金融中介机构等，而相关市场参与者通过投资、信贷等途径相互联系，使联系金融系统的环节增多，增加了系统性金融风险爆发的可能。

（二）系统性金融风险是动态的

从系统性金融风险的演化过程来看，系统性金融风险一般会经历风险生成累积、突变、爆发和传染四个阶段，这是一个动态的演化过程。在风险生成累积阶段，通常开始于经济繁荣时期，经济高速增长，伴随着财富集中、通货膨胀、产业结构失衡、信贷扩张、高负债率、流动性过剩等现象，从而引发经济泡沫，增加经济系统的脆弱性；在突变阶段，当系统性风险累积到一定程度，受金融系统内部或外部的冲击而触发，这个冲击既可以是个体冲击，也可以是宏观冲击。在危机史上，各种冲击形式都曾出现，既有单个机构或经济部门的信用事件、主权债务违约等系统内部冲击，也有国家宏观经济政策调整、战争、自然灾害等外部冲击。这些冲击都是系统性金融风险的导火线，一旦风险控制不当，就会给整个经济体系造成负面冲击，影响国家的投资、消费和出口，甚至导致经济系统大幅波动，全面引发系统性金融风险。此时，系统性金融风险可以在系统内部之间、系统内部与外部之间通过资本输出、贸易、金融市场等途径进行直接或间接传染，使没有受到直接冲击的第三方遭受损失。

（三）系统性金融风险具有负外部性

系统性金融风险具有较强的负外部性。随着金融化的进程，金融系统与其他经济社会系统相互渗透，影响程度越来越深。系统性金融风险的发生，其结果会影响金融系统的安全性，也会给不相关的第三方带来巨大的损失。尤其在经济全球化的今天，系统性金融风险传染性更强，所涉及的范围会超过国界。具体来说，一个国家爆发系统性金融风险，可以快速通过金融市场传递给其他国家或地区，使其他国家或地区的金融系统受到影响。此外，系统性金融风险事件的发生会对金融机构资产配置、抵押资产价值带来巨大影响，进一步影响经济社会交易活动，表现为风险溢出。但相关的金融机构或国家并没有为此付出代价。因此，系统性金融风险不会体现整个社会所面临的风险，相应的损失也不会得到补偿，具有较强的负外部性。

（四）系统性金融风险监管难度大

系统性金融风险是介于金融安全与不安全的一种运行状态。其在金融安全状态下也存在，具有一定的隐蔽性。首先，在信用循环过程中，可能遮掩由于信用带来的损失，因为货币具有信用创造功能，当前的风险可通过货币价值波动、借旧换新等现象来掩盖实际损失。其次，经济虚拟化导致虚拟经济虚假繁荣，在一定程度上延缓了系统性金融风险的爆发。系统性金融风险的这种隐蔽性在短期内可持续，但长期来看可能会导致系统性金融风险不断累积，引发严重金融危机。金融制度和工具不断创新，增加了系统性金融风险的监管的复杂性。随着金融制度的变革，金融业态混合趋势不断强化，如银行等系统重要性金融机构可以从事证券等表外业务，但银行因表外业务面临的风险增加。而金融工具不断创新，金融衍生产品种类繁多，给金融监管带来了更多的挑战。因此，由于系统性金融风险的隐蔽性和复杂性，对系统性金融风险进行识别、评估难度很大，抑制了金融风险监管的有效性。

伴随着系统性金融风险事件的发生，系统性金融风险治理体系不断完善，但监管仍然滞后。历史事实表明，这一现实问题一直没有得到有效解决。鉴于系统性金融风险事件的发生，不仅直接造成重大经济损失，甚至影响社会的稳定性，金融监管当局一直在认真总结经验教训，不断反思，并不断探究系统性金融风爆发的前奏，以期做到事前预测、事中防范、事后化解，提高系统性金融风险的治理水平。

第二节　系统性金融风险爆发前奏：货币价值大幅波动

一、系统性金融风险爆发前的货币价值波动情况

随着商品经济的发展，交易媒介不断演变，大致经历了从物物交换到交易媒介的产生、由实物媒介到可兑换的虚拟媒介，以及不可兑换的价值符号三个时期，其中最重要的是后两时期即商品货币和信用货币时期。在商品货币时期，交易媒介的形式表现为实物，除具有货币职能外，自身也有内在价值。随着信用制度的发展，货币与实物相分离，演变为一种不可兑换的价值符号即信用货币，目前世界主要经济体都采用信用货币形式。纵观系统性金融风险事件的历史演化过程，无论是商品货币时期还是信用货币时期，货币被普遍接受的本质属性和货币职能并没有改变，但货币价值大幅波动现象一直存在。当然，由于不同货币形式的货币价值波动的成因不同，不同的历史时期系统性金融风险爆发前，货币价值持续波动的情况也存在差异性。

（一）商品货币时期系统性金融风险爆发前的货币价值波动情况

历史上许多商品都充当过交易媒介，如贝壳、铜、白银和黄金等。货币形式的更替，既有政权更替的因素，也有货币自身价值波动的因素，失去社会

普遍的认可和信用，最终会丧失价值基础和货币职能。即使像白银和黄金这样的贵金属，由于稀缺、自身内在价值大、易保存分割等特性，在相当一段时间内充当一般等价物而成为货币，也无法成为遏制货币价值波动的屏障。

在 2 世纪中叶到 3 世纪末的古罗马，当时实行金属货币制度。为维持政权的正常运行经费，政府在征税极其困难的情况下，利用铸币的垄断权，采用了降低货币成色的办法，即通过减小铸币的尺寸，在铸币中添加一点贱金属，如铅，使一份贵金属可以铸成两份原来大小的铸币，同时希望凭借政府的信用保持其价值不变。但这是不可能的。随着铸币贵金属含量减少，铸币失去原有的价值，与之前相比，换取同样数量的商品需要更多的铸币。因此，物价开始上涨，铸币贬值，古罗马小麦价格上涨了近 200 倍（威廉·戈兹曼，2017）。这种货币价值大幅波动的现象在 1619—1623 年的普鲁士再次出现。到 16 世纪，墨西哥和秘鲁所出产的大量黄金和白银涌入西班牙，掀起了一场价格革命。具体来说，由于贵金属价格上升，贵金属货币供给量大幅增加，流入西班牙，导致贵金属过剩，使得当时西班牙物价上涨了 4 倍，其他欧洲国家也相继重复了这一过程。在我国历史上，从东汉末年到明清时期也经历了多次铸币大幅贬值事件，如隋朝时期，五铢钱被废，私自铸币导致货币大幅贬值。另外，我国政权更替、社会动荡都会导致货币价值的大幅波动。也就是说，现实经济生活中货币价值波动是一种常态，在许多系统性金融风险爆发前都会出现货币价值连续异常，具有内在价值的商品货币也不例外。

（二）信用货币时期系统性金融风险爆发前的货币价值波动情况

从 20 世纪 70 年代布雷顿森林体系解体后，世界各国货币结束了与美元、黄金挂钩的时代，意味着全球经济进入了不可兑换的虚拟货币时期即信用货币时代。与商品货币相比，信用货币脱离了实物数量的约束和内在价值的保障。尤其在开放经济环境下，国际货币体系以美元为中心后，许多国家货币与美元挂钩。随后，货币价值波动现象越来越频繁，影响了全球不同发展程度的经济体，相继引发一列系统性金融风险事件，如 20 世纪 80 年代的拉美债务危机、1997 东南亚金融危机、2007 年的次债危机以及欧洲主权债务危机。在这一历史时期，这些都是影响世界经济社会较大的金融风险事件。因此，下面依据表5.4 选取了在此期间爆发系统性金融风险次数较多且具有代表性的国家为分析对象，如阿根廷、印度尼西亚、土耳其、尼日利亚，主要分析这些国家在系统性金融风险爆发前货币价值的波动情况。

根据货币价值的度量，计算相关国家货币价值波动率时，基于数据的可获得性，选取了上述国家 1975—2017 年的数据（原始数据来自世界银行数据库）来分析信用货币时期系统性金融风险爆发前货币价值波动情况，并将当年波动率大于统计期内波动率的均值视为波动异常。

从货币价值波动的整体情况来看（图 5.2），在 1975—2017 年，四个国家的货币价值都有不同程度的波动，其中波动最剧烈的是阿根廷，波动率的峰值出现在 1989 年，达到 42.75。就单个国家来看，印度尼西亚在此期间共爆发系统性金融风险事件 7 次，分别发生在 1983 年、1992 年、1994 年、1997 年、1998 年、2000 年以及 2002 年。其中，1983 年和 1992 年爆发系统性金融风险前，其货币价值连续 3 年异常波动；2000 年爆发系统性金融风险前，其货币价值连续 2 年处于异常波动；1994 年、1998 年和 2002 年爆发系统性金融风险前，其货币价值连续 1 年异常波动，也就是说，印度尼西亚的 7 次系统性金融风险爆发前出现过 6 次货币价值波动异常。土耳其在此期间共爆发 5 次系统性金融风险事件，每次风险爆发前都发生过货币价值连续异常波动。其中有 3 次系统性金融风险前，货币价值连续 3 年异常波动，即系统性金融风险爆发前货币价值连续 2 年异常波动和连续 1 年异常波动的各 1 次。阿根廷货币价值波动幅度较大的时期分别在 20 世纪 80 年代初期和 90 年代的风险爆发前，期间共发生 8 次系统性金融风险，有 5 次风险爆发前出现过货币价值连续异常波动。其中系统性金融风险爆发前出现货币价值连续 3 年异常波动 1 次，货币价值连续 2 年异常波动 2 次，连续 1 年异常波动的各 2 次。尼日利亚在此期间共爆发 8 次系统性金融风险事件，有 6 次风险爆发前出现过货币价值连续异常波动。其中系统性金融风险爆发前出现货币价值连续 3 年异常波动 4 次，货币价值连续 2 年异常波动 2 次。

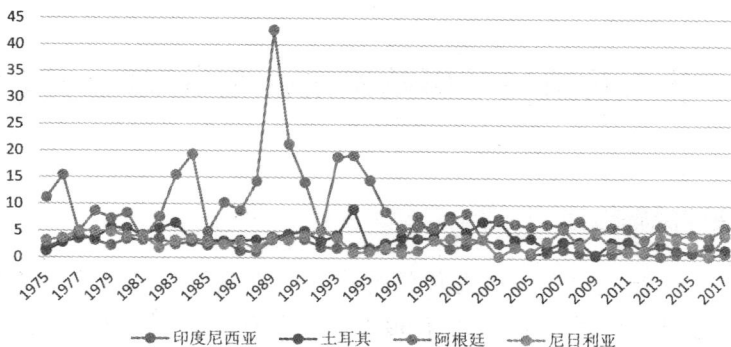

图 5.2　四个代表性国家货币价值波动情况

总之，信用货币时期的货币价值波动趋向常态化。从经济发展水平来看，无论发达国家还是一些发展中国家，都无法避免货币价值波动。同时，在信用货币时期，这些国家的货币价值在系统性金融风险爆发前出现持续的异常波动现象。

二、货币价值波动影响系统性金融风险的描述性统计分析

根据货币价值变化率的定义，基于历史数据的可获取性和完整性，从世界银行数据库选取了1975—2017年的GDP增长率与广义货币存量M_2的增长率数据相对完整的国家和地区为样本，共有124个国家和地区符合要求。表5.4中共70个发生过系统性金融风险的国家或地区中有60个符合要求的样本，即这124个样本中有60个发生过系统性金融风险国家或地区的数据较完整。就这60个国家或地区而言，共爆发系统性金融风险221次，为分析在系统性金融风险爆发前样本国家或地区的货币价值波动情况，先运用ARIMA模型分别计算各个国家或地区在1975—2017年货币价值的波动率，考察这60个样本国家或地区发生系统性金融风险前有多少年货币价值处于异常波动状态。结果显示，这221次风险事件爆发之前，62次系统性金融风险爆发前1年货币价值处于异常波动状态，有25次系统性金融风险爆发前的货币价值连续2年处于异常波动状态，有21次系统性金融风险爆发前的货币价值连续3年以上处于异常波动状态。这60个发生系统性金融风险的国家和地区中，有53个国家在风险爆发前出现过货币价值异常波动，只有7个国家爆发系统性金融风险前没有出现过货币价值异常波动现象。可见，货币价值波动是系统性金融风险发生的前奏。

第三节　货币价值波动影响系统性金融风险的概率检验

一、条件概率检验

就系统性金融风险爆发的总体情况来看，在选取的124个样本中，发生过系统性金融风险的国家或地区有60个，其发生的无条件概率为48.4%。从货币价值波动引发系统性金融风险的条件概率来看，在样本中连续3年货币价值异常波动的国家或地区有36个，发生过系统性金融风险的国家或地区有28

个，这表明条件概率为 77.8%，只有 8 个国家出现货币价值连续波动后没有爆发系统性金融风险。

从条件概率检验的结果来看，在一般情况下系统性金融风险发生的概率为 48.4%。而在货币价值连续 3 年异常波动的情况下，发生系统性金融风险的概率为 77.8%，比一般情况下发生的概率要高出 29.4%。也就是说，货币价值持续异常波动会提高系统性金融风险发生概率，也表明货币价值波动是系统性金融风险发生的前奏。

二、基于 Logit 模型的概率检验

（一）研究框架

由于因变量系统性金融风险是一个二分类变量，所以这里选取 Logit 模型来分析货币价值波动对系统性金融风险的影响。Logit 模型作为一个非线性概率模型，对自变量没有约束，保证了概率的取值有意义，克服了线性概率模型的缺陷。其中，系统性金融风险发生与否，用二分类变量 y 表示，取值为 0 或 1。$y=1$ 表示系统性金融风险发生，$y=0$ 表示系统性金融风险没有发生。X_i 是解释变量集，表示 i 国在 t 年发生系统性金融风险条件变量，也是系统性金融风险 y 是否发生的条件变量集。P_{it} 表示 i 国在 t 年发生系统性金融风险的概率，它是关于 X_i 一个函数。

在 Logit 模 型 中，P_{it} 的 分 布 函 数 服 从 Logistic 分 布，$\text{Logit}(P_{it}) = \log \dfrac{P_{it}}{1 - P_{it}}$，它作为回归的因变量，与自变量之间服从线性模型，即

$\text{Logit}(P_{it}) = \log \dfrac{P_{it}}{1 - P_{it}} = \beta' X_{it}$，其中 β' 为参数向量，X_i 为解释变量。该模型中如果参数符号为正，表示自变量 X_i 会引发系统性金融风险。

通常 Logit 模型采用极大似然估计法对回归参数进行估计，通过构造以下似然函数，通过求解似然函数的最大值来估计模型参数：

$$\ln L(\beta) = \sum_{t=1}^{T} \sum_{i=1}^{n} \left(y_{it} \ln P_{it} + (1 - y_{it}) \ln(1 - P_{it}) \right)$$

（二）变量选择与数据来源

引发系统性金融风险的因素有很多，根据上述分析，货币价值波动是引发系统性金融风险因素之一，经济增长放缓和国际收支不平衡也可能引发

系统金融风险。因此,选取系统性金融风险(SR)为因变量,货币价值波动(VOL)、经济增长(G)和国际收支不平衡(Z)为自变量。其中,系统性金融风险为虚拟变量,系统性金融风险发生取值为 1,不发生为 0,货币价值的波动率根据 ARIMA 模型计算得到。经济增长用各国第 i 年 GDP 的增长率来表示,国际收支不平衡用各国第 i 年经常项目余额的绝对值来表示。

通常,系统性金融风险的主要表现形式为银行危机、债务危机、货币危机以及综合性金融危机,这里在 Reinhart 和 Rogoff(2012)系统地整理了近 800 年来发生过货币危机、银行危机和债务危机的数据的基础上加上了综合性危机的历史数据,并整理了系统性金融风险发生国家及年份的数据,而 GDP 增长率、M_2 增长率和经常项目余额数据来自世界银行统计数据。基于数据的可得性和完整性,在 1979—2017 年发生过系统性金融风险的国家和地区中选取了阿根廷、玻利维亚、喀麦隆、哥伦比亚、刚果、哥斯达黎加、多米尼加共和国、厄瓜多尔、萨尔瓦多、危地马拉、印度、印度尼西亚、肯尼亚、韩国、马来西亚、墨西哥、摩洛哥、尼加拉瓜、尼日利亚、巴拉圭、秘鲁、南非、斯里兰卡、泰国、突尼斯、土耳其、英国、美国共 28 个国家为样本进行概率检验。

(三)概率检验结果分析

这里采用 Stata13.1 进行参数估计,货币价值波动(VOL)、经济增长(G)和国际收支不平衡(Z)与系统性金融风险关系的回归结果如下表(表5.6):

表5.6　Logit模型概率检验结果

VOL	G	Z
0.024 058 6	–0.031 630 9	0.309 806
$P>|z|$: 0.002	$P>|z|$: 0.03	$P>|z|$: 0.216
Log likelihood=–478.048 48	LR chi^2(2) = 9.15	Prob > chi^2=0.027 3

结果表明,货币价值波动 VOL、经济增长 G 在 5% 以下的显著性水平通过检验,国际收支不平衡 Z 没有通过检验。其中,货币价值波动与系统性金融风险的回归系数正,表明货币价值波动会导致系统性金融风险发生的概率上升。而经济增长速度与系统性金融风险负相关,也就是说,经济增长速度下降会导致系统性金融风险发生概率提高。因为经济增长放慢,经济下行压力加大,容易导致生产与需求脱节,激化产业资本与金融资本之间的矛盾,增加系统性金融风险发生的可能性。

第六章　货币价值波动影响系统性
金融风险的机制研究

从理论和历史的角度分析货币价值波动对系统性金融风险的影响，可以发现货币价值波动是系统性金融风险发生的前奏。但货币价值波动是怎样影响系统性金融风险的？在未来构建防范和化解系统性金融风险框架体系，应以稳定货币价值为导向，进一步探讨货币价值波动影响系统性金融风险的作用机制。通常，货币价值波动会影响相关经济变量（如金融资产价格变动）变化。首先，货币价值波动可能会使金融资产脱离其内在价值，导致金融资产价格大幅波动。其次，货币价值波动也会影响社会财富支配权，加速财富集中。而金融资产价格波动和财富集中都会影响金融系统的稳定，引发系统性金融风险。

第一节　货币价值波动、金融资产价格波动与系统性金融风险

在金融市场中，金融资产价格波动是一种常见经济现象，引起金融资产价格波动的因素众多。现有文献已从制度安排、宏观经济政策调整、非理性行为以及从众心理等角度来解释金融资产价格波动。基于上述的理论和现有文献分析，给从货币价值波动视角来解释金融资产价格波动提供了启示。

一、货币价值波动与金融资产价格波动

资产是指作为价值储藏的所有权，一般分为实物资产和金融资产。金融资产价格与普通商品价格的形成机制具有相同之处，即其价格受金融资产的供求关系变化所影响，是相关金融资产的供求状况在市场上的反映。这种供求关系隐含了公众对金融资产的偏好。这种偏好既依赖于金融资产自身的特点，也取决于公众收入水平和对未来的预期等方面的因素。而货币价值的波动通过宏观和微观两个层面直接影响金融资产的供求关系，也会通过影响投资者收入水平、投资者偏好和心理预期，进而影响相关金融资产的供求变化，导致金融资产价格波动。

与普通商品价格不同的是，决定金融资产价格的内在价值是由金融资产未来的预期收益贴现所决定的，而预期收益和贴现率受当期和未来宏观经济基本面的影响。从这个角度来说，金融资产价格取决于当前和未来的宏观经济基

本面。根据货币价值波动宏观影响的分析可知，货币价值波动会影响宏观经济政策、社会投资水平等宏观因素的调整。也就是说，货币价值波动成了导致金融资产内在价值变化的关键因素之一。

从金融资产价格本身来看，它是指金融资产与货币交换的比例，即单位金融资产可以交换的货币数量。而货币价值作为一个相对量，其波动意味着单位货币购买力的变化，在国内表现为价格的波动，在国际市场上则表现为汇率的波动。因而，市场交易中的货币价值波动会影响金融资产与货币交换的比例，即引起金融资产价格的波动。

总之，在金融系统运行中，货币价值波动既会引起金融资产内在价值的变动，也会影响市场上金融资产供应量和需求量的变化，从而造成金融资产价格的大幅波动。

二、金融资产价格波动对系统性金融风险的影响

（一）导致投资需求变化

在传统的投资理论中，资产持有者在一定约束条件下，会通过优化投资组合来实现利润最大化。在当前已知的金融资产价格水平下，资本的成本是已知的，而资本在未来的收益是不确定的。因此，投资者需根据当前经济状况评估预期收益，并估计投资收益率，然后根据预估的投资收益率与边际成本大小进行投资决策。由此可见，金融资产价格波动会影响投资收益率。也就是说，金融资产价格波动会通过影响资本的预期收益来影响投资决策，对投资需求具有促进或抑制作用。此外，由于投资需求占社会总需求的比重较大，对外界宏观经济环境较敏感。因此，金融资产价格波动极易通过影响投资需求的变化来改变社会资本存量的增加速度，使整个社会的投资率上升或下降，进而影响投资支出。而投资是经济增长的动力之一。一旦投资支出上升，将促进经济增长，使经济进入繁荣期；当投资支出下降，可能导致经济增长速度放缓，使经济进入衰退期。也就是说，金融资产价格波动可以引起投资需求变化，导致经济增长速度变化，产生经济周期性波动，进而影响金融系统的稳定性。

（二）催生资产价格泡沫

从系统性金融风险发生的历史事件来看，许多系统性金融风险事件爆发前都出现过资产价格泡沫现象。所谓资产价格泡沫，就是由于资产价格的持续上涨，导致投资者信心增加，在正向预期的作用下，持续加大投资，使资产价

格出现非理性上涨，远远脱离其内在价值。历史事实证明，资产价格泡沫的形成过程伴随着系统性金融风险的累积，泡沫的破灭会引发系统性金融风险。为此，从资产价格泡沫的演变过程来探讨金融资产价格波动对系统性金融风险的影响很有必要。

理论上，金融资产价格应为其内在价值的表现。在有效市场中，金融资产价格是对市场信息变化的有效反映，也是对宏观经济环境变化的直接反映。相反，若金融资产价格不受货币价值波动等外界因素影响，则意味着当前的资产配置是无效的。也就是说，金融资产价格短期合理波动是市场参与者对当前经济环境的理性反应。但如果金融资产价格大幅连续波动，就成了一种经济异常现象，可能导致金融风险的形成、传递、扩散，破坏金融系统的稳定性。

相对于普通商品价格，金融资产价格具有其特殊性：一是金融资产价格受未来预期的影响较大；二是金融资产价格波动直接影响资产持有者的财富水平；三是金融资产的需求价格弹性很高。因为金融资产更多的是满足公众的投机需求，而不是生活需求。正是金融资产价格的这些特性容易导致金融资产价格大幅偏离其内在价值，造成金融资产价格波动，推动资产价格泡沫形成。资产价格泡沫的形成伴随着系统性金融风险的演化过程，大致经历以下三个阶段：

一是正向预期出现。从预期理论来看，无论短期预期还是长期预期，都会对人们的经济行为决策起决定性作用。短期预期的变化会影响市场交易行为，长期预期变化则会影响资本的流动性偏好。预期本身就具有不稳定性，其在自我实现的过程中会造成资产价格波动。在一种正向预期的不断传递的过程中，整个社会的预期趋向乐观，经济形势向好，各类资产价格持续上涨。因为在这个正向预期传递链中，任意环节都会维持资产价格不断上涨。

二是资产价格泡沫形成。具体来说，在正向预期传递过程中，投资者预期收益的期望会不断提高，相应的风险溢价水平也随之提升。由于资本的逐利性和市场参与者的从众心理，金融资产价格会加速上涨。随着投资收益预期的不断实现，市场参与者对未来信心持续增加，不断刺激消费和投资需求，促使经济进一步扩张。当实体经济扩张超出其临界点时，金融资产交易便充满投机的氛围，市场出现非理性繁荣，形成资产价格泡沫。此时，金融资产价格远远超出其内在价值，经济运行虚拟化，呈现高杠杆特征。

三是资产价格泡沫破灭。当资产泡沫达到一定程度时，任何负向冲击都可能导致金融资产价格下降，泡沫破灭。历史上资产价格泡沫破灭的过程主要有两种情况：一是由于外部负向冲击，使得预期收益持续下降，可能引起市场参与者恐慌性抛售金融资产，资产泡沫迅速刺破，引起金融市场大幅振荡。二是资产泡沫以渐变方式破灭。在金融资产价格泡沫形成后，当收益预期拐点出现时，政府采取相应的政策进行干预，延迟预期的逆转，防止金融资产价格快速回落。但这种资产价格泡沫形成后，相关政策干预的弊端显现，经济难以持续健康平稳发展，只不过是延缓了系统性金融风险爆发的时间，20世纪90年代日本经济泡沫破灭就是这样的一个渐变过程。

总之，资产价格泡沫破灭对整个经济系统会产生巨大冲击，导致金融市场大幅波动，给市场主体带来重大损失，诱发系统性金融风险。历史上从传统的房地产泡沫到现代股市泡沫破灭，最直接的表现是相关资产大幅贬值，造成金融市场大起大落，增加金融系统的脆弱性。由于金融市场的特殊性，金融市场的风险会迅速传染，波及市场参与者，影响实体经济的健康运行。实体经济的波动进一步给金融系统带来负面冲击，容易引发系统性金融风险。具体来看，就个人而言，资产泡沫破灭意味着持有金融资产价值缩水，个人财富受损。在信用市场上，资产价格泡沫破灭导致消费信用约束不断增加，消费信贷规模逐渐减少。但通过财富逆效应和消费信贷约束影响消费者行为会使消费支出水平下降，社会总需求得到抑制，进而整个经济陷入衰退。对企业来说，在资产价格上升时期，企业会积极扩张，愿意加大金融杠杆，扩大投资规模。一旦资产泡沫破灭，就会通过投融资渠道对企业产生负向冲击。此时，由于信用风险加增加，融资成本上升，融资门槛提高，企业出现融资困难，影响企业的流动性，增加了企业的债务违约风险。同时，资产价格泡沫破灭后，企业预期收益下降，缩减投资规模。在这双重叠加效应下，企业投资需求不足，实体经济出现周期性衰退。也就是说，资产价格泡沫破灭会导致企业融资杠杆紧缩和投资需求下降，这种负面效应反作用于金融系统，加速了系统性金融风险的形成。

（三）影响信用规模变化

货币是信用基础，而信用作为货币与资产联系的纽带，是资产交易的基础。信用规模变化是引发系统性金融风险的现实基础。因此，对金融资产价格波动影响系统性金融风险的分析，必须考察信用规模变化。而银行作为系统重要性金融机构，在金融系统中具有特殊地位，银行信用在整个社会信用中也处于核心主导地位。因此，金融资产价格波动对信用规模的影响主要基于对银行信用规模的影响展开分析。

1. 信用市场中的信息不对称问题

金融市场的信用活动存在信息不对称问题，即面临着逆向选择和道德风险问题。首先，在金融市场中，借贷双方拥有的信息禀赋是不对称的，往往贷方只根据对借方的信用评估及其预期收益率来确定贷款利率。通常，低风险项目难以获得信用贷款，反而高风险项目容易获得信用贷款。同时，融资成本越高，越容易出现逆向选择问题。其次，在成功融资后，为实现利润最大化，借方有可能利用信贷资金从事高风险的投机活动，导致资金损失。而在债务偿还时，债务人会对偿还或不偿还进行权衡，通过比较这两种行为所带来的收益和成本来选择延期偿还或不偿还。作为代理人的借方，由于具有信息优势，可能出现道德风险。总之，在信息不对称情况下，信用活动中容易出现逆向选择和道德风险问题。

2. 信息不对称条件下金融资产价格波动对信用规模的影响

（1）金融资产价格波动影响代理成本。信用规模变化既受实体经济影响，也面临许多金融约束。在信用市场上，借贷双方是一种委托代理关系，由于信息不对称会产生代理成本，而信用规模会受到代理成本的约束。通常在信贷过程中，借方需要抵押资产给贷方，当抵押金融资产价值超过贷款总额时，认为没有代理成本，代理成本会随抵押金融资产价格下降而上升。也就是说，抵押金融资产价格与代理成本呈反向变动关系。因此，金融资产价格下跌。代理成本越高意味着融资成本和门槛越高，进而会抑制信用扩张，对信用具有收缩效应。因此，金融资产价格波动会通过影响代理成本来影响信用规模的变化。

（2）金融资产价格波动影响银行资本充足率。在信息不对称状态下，银行为实现自身利益最大化，在信贷投放时会权衡风险和收益，其中金融资产价格是银行考察的关键因素。因为当金融资产价格下降，银行抵押品资产及授信企业资产价值会缩水，债务违约风险加大，银行的预期收益率下降，相应的资本充足率降低。随着资本充足率的下降，银行的偿付能力弱化，可能出现流动性短缺。为防止出现流动性风险，满足资本充足率的监管要求，银行被迫调整信贷配给，减少授信额度，导致信用紧缩。相反，当金融资产价格上涨，代理成本下降，授信企业资产及抵押资产增值，债务违约风险下降，银行资本充足率提升，银行会提高授信额度，促使信用扩张。

（3）金融资产价格波动影响信用的供求变化。从信用的供给来看，借款方与银行之间、存款人与银行之间存在信息不对称问题。要解决这些信息不对称，必须依赖银行的资本充足率以及融资企业所持有金融资产价格。因为银行资本充足率是银行抵御风险的一种保障措施，同时融资企业所持有的金融资产价格水平是衡量贷款银行资产质量的关键指标。资本金越充足，银行资产质量越高，这意味着存款人面临的风险越低。当银行本身资产价格或具有信贷关系企业的持有金融资产价格下降，会恶化银行的资产负债表，降低银行的吸储能力。这会迫使银行调整资产结构，缩减信贷规模。

从信用的需求来看，企业是信用的主要需求方，但由于企业的所有者与管理层之间存在信息不对称，融资企业持有的金融资产价格波动会影响企业对信用的需求。具体来说，企业管理层与所有者之间是一种委托代理关系，共同的目标是维护企业资产保值增值。但当企业持有金融资产价格下降时，管理层与所有者面临的风险是不同的，管理层可能为实现个人利益最大化，在进行投资决策时，倾向选择风险低，投入小的项目，而不愿选择投入大的风险项目，从而降低信贷需求。反之，金融资产价格上涨会刺激投资需求，导致信用需求增加。

3. 影响系统性金融风险的信用扩张机制

一般来说，金融资产价格上涨会促使信用扩张，资产价格下跌会导致信用紧缩。在金融资产价格上涨过程中，银行资产质量提高，资产负债表不断改善，可能采取扩张战略，增加信贷额度，降低融资门槛，使融资企业获取贷款的可能性提升，刺激投资需求。反之，伴随着金融资产价格下跌，代理成本上升，银行资本充足率下降，直接或间接影响了银行的授信意愿，导致银行收缩信贷规模。而信贷规模的进一步收紧又会加速融资企业和银行的资产负债表恶化。因为银行信用扩张还受资本金约束，资本金的损失会导致银行成倍的信贷收缩。这种放大机制会直接破坏信用供给。这时银行会追求安全性更高的融资项目，使得企业融资难度更大，门槛更高，盈利能力下降。在乘数效应和加速原理的作用下，宏观经济基本面持续恶化，金融资产价格不断下跌，债务链更加脆弱，债务违约风险增加，银行不良资产随之上升。因此，在不完备的信用市场中，金融资产价格波动可以通过信用扩张的正负反馈机制影响经济金融系统的稳定性，最终引发系统性金融风险。

总之，金融资产价格波动是货币价值波动影响系统性金融风险的核心机制之一。因为货币价值波动可以通过金融资产价格波动这一传导渠道影响投资需求变化，使经济发生周期性变化，通过影响预期的正反馈，催生资产价格泡沫，也可以在信息不对称的条件下出现逆向选择和道德风险问题，还会影响信用规模的变化，导致金融不稳定。在这一影响过程中，金融资产价格波动直接对金融系统产生了内生扰动，也起到了传导外生冲击的作用。

第二节 货币价值波动、财富集中与系统性金融风险

财富是人类通过劳动所创造的物质形态，主要包括生产资料、生活资料，它是一个存量。在商品经济出现之前，物质产品主要自给自足，没有交换活动，财富表现为物质产品的使用价值。随着商品经济的产生，物质产品转化为商品，财富也表现为商品，具有交换价值。而货币作为商品交易的媒介，充当交易的一般等价物，商品和货币都可以作为财富的表现形式。但商品的价值也可通过货币表现出来，这使得货币成了财富的象征，成为财富的一般形式。随着财富货币化和资本化，财富具有社会支配权，参与财富的创造和分配。因为原本只是物质形式的财富在货币化后，具有了对资本、劳动力等生产要素的支配权。通常拥有财富越多，对资源要素的支配权力也越大，在之后的财富创造和分配过程中拥有更大的话语权。

在财富的创造过程中，随着财富权力的货币化，拥有的财富越多意味着对生产要素的使用权和决策权更大。使用权越大表现在，财富越多就可以购买更多的生产生活资料，也可以购买更多的服务。决策权越大表现在，财富创造中生产什么、如何生产、生产多少都与拥有财富多寡密切相关，这使得财富权力在财富创造过程中得到充分体现。因为不同生产要素的投入量创造的财富数量不同，等量的生产要素在不同部门的产出也是不一样的。而货币价值波动会造成社会财富存量的变化，也会影响财富在不同部门之间的流动，加速财富集中。

在财富分配过程中，根据要素收入分配理论，生产要素所有者依据生产要素在生产过程中的作用大小，相应地获取一定报酬。随着财富货币化和资本化后，财富可以参与资本要素的分配，获取利息、股息和租金等收入；财富也可以通过货币形式交换劳动力、技术等其他生产要素，获取相应要素的支配权，并参与相关生产要素的分配。对个体而言，自商品经济出现后，由于个体的差异性，收入分配的公平和效率难以兼顾，往往难以做到平均分配，导致不同人群收入存在一定差距。而收入作为一个流量，这种差距的累积效应在一定时期内就会产生贫富悬殊，使得不同的群体拥有的财富水平不同。这样，伴随着货币价值波动，代表财富一般形式的货币价值随之变化，导致参与生产与分配过程的财富投入量相应变化，从而产生财富分配效应，使财富分配差距不断扩大，财富趋向集中。

一、货币价值波动与财富集中

具体来说，货币价值波动会从参与分配主体的差异性、债权债务关系以及货币流通三个角度影响财富分配，加速财富集中。

（一）通过参与分配主体的差异性影响财富集中

依据参与者在财富创造过程中所承担的职能，将财富分配的主体大致分为投资者、企业家和普通劳动者三类。就投资者来说，在财富创造过程中是出资方，是在未来一段时间内通过让渡资金的使用权来获取一定收益。这里收益就是投资者参与财富分配的方式，通常是以货币计量的。随着货币价值波动，投资者获取投资收益以及投资结束时收回的本金，其真实价值都会随货币价值的波动而变化。当货币大幅贬值时，投资者所获取收益及本金的实际价值会大幅减少，意味着相应的财富缩水。反之，投资收益及本金的实际价值增加，所有拥有的财富增加。就企业家来说，货币价值波动会直接影响其所持有资产的价值，也会影响其企业利润。首先，货币价值波动过程会影响企业现有的固定资产和流动资产价值，进而影响企业家的财富水平。其次，货币价值波动会影响企业财富创造能力。在货币贬值时期，商品价格上涨会刺激企业扩大生产，而往往部分生产成本支付先于产品价格上涨。除此之外，由于货币贬值导致实际利率低于名义利率，变相减轻了有债务关系企业的债务负担。也就是说，企业可以通过货币贬值获取大大超过正常利润的利润。反之，货币升值可能导致产品价格下降，迫使企业收缩产能，企业盈利能力下降，导致企业净资产减少，进而影响企业家的财富总额。就普通劳动者来说，作为社会财富创造的重要力量，一般按照提供劳动量的多少参与财富分配，其主要表现形式是工资收入。随着货币价值波动，工资收入的变动往往滞后于商品价格的变化，因此货币价值波动会影响劳动者工资收入的购买力，在货币贬值时期，其购买力下降意味着劳动者的财富水平下降。反过来，货币升值，其购买力上升，但由于货币升值的传导机制，容易导致通货紧缩，引发经济萧条，进而可能造成劳动者工资收入减少，甚至失业，使劳动者财富水平增速放缓。

总之，在财富分配过程中，不同人群参与财富分配的形式不同，货币价值波动对其影响的程度也各有差异。相对而言，投资者所持有的财富对货币价值波动最有弹性，企业家次之，弹性较小的是普通劳动者。也就是说，货币价值波动对投资者的财富水平影响最大，对普通劳动者的财富水平影响相对较小。长期来看，这会加速财富分配差距扩大。

（二）通过债权债务关系影响财富集中

货币作为财富的一般代表，具有时间价值，货币价值波动导致财富水平随时间变化，进而影响财富的重新分配，这一过程在债权债务关系上体现得非常充分。因为在债权债务关系确立时，往往以当时的价值标准为基础。但随着时间推移，货币价值的不断变化会导致债权人与债务人之间财富转移。具体来说，当货币贬值时，货币购买力下降，在债务到期时，债务人只需向债权人偿付合同约定的货币数量。此时，债权人得到只是名义上的货币金额，其实际购买力会因货币贬值而下降，这就导致债务人受益，债权人受损。反之，货币升值，债务人受损，债权人收益。货币价值波动对债务链的影响会使财富在这一过程重新分配。同时，债权人为规避货币价值波动风险，通常索求较高的风险补偿。而较高风险的补偿结果可能有两种：一种是部分补偿；另一种是过分补偿。部分补偿的结果仍然是导致债权人受损，财富缩水。过分补偿意味着利率水平很高，融资成本提高，加重债务人负担，如此会缩减融资规模，不利于资本的积累，甚至影响整个社会的财富水平。

（三）通过货币流通影响财富集中

货币资金是财富资产的主要形式之一。由于现代货币的发行机制，银行是执行货币政策、服务货币流通的核心机构。也就是说，新发行的货币总是以银行为中心，逐步向外流通扩散到整个社会的。而货币的流通过程不可能迅速均匀地流向所有人，其流通过程是具有差异性的。从时间上来看，由于货币价值波动会使货币购买力发生变化，通常先获得发行货币的人可以买到更多的商品和服务，因为此时货币超发还没有引起物价的上涨。随着货币供应增加，货币贬值引发物价的普遍上涨。此时，处于货币流通过程中的外围人群在收入没有得到增加的情况下，货币购买力下降。正是货币这种流通机制使较早获得发行货币的人可以比较晚获得货币的人获取更多的收益。从数量上来看，早期获取货币数量大的人群比获取货币数量少的人群获取的收益更大。

由此可见，货币价值波动会对社会财富重新再分配，使一部分人受损，另一部分人收益，导致财富分配不公，贫富悬殊扩大，加速财富集中。

二、财富集中对系统性金融风险的影响

货币作为贮藏手段，是财富的象征，获取更多财富是人们内在的动机。从长期来看，货币存量持续增加，但短期内存量的增加并不会立即进入流通领

域，执行交换手段，而是以价值的形式贮藏起来。由于经济或非经济原因，贮藏的货币并不是分摊到每个社会成员身上，而是有些人占有大量货币，有些人很少。随着货币价值的波动，社会贫富差距进一步扩大，为系统性金融风险的爆发提供了物质基础。所以，当代系统性金融风险发生的频率比历史上任何时期都高，金融系统的脆弱性也不断增加。那些拥有更多财富的人总是希望获得更多财富，总是会利用各种手段和规则来实现个人财富增加，一旦这种行为打破了社会经济体系运行的平衡点时，就点燃了金融风险的导火索。特别是在金融领域中发展很多新的金融产品，这些产品很大一部分具有现代货币的属性，从而在无形中加大了货币存量，使金融风险发生的概率增加。同时，这些金融产品和金融工具都制定了复杂而精巧的交易规则，这些交易规则在财富集中的背景下很容易遭到大量逐利的财富拥有者的冲击，并遭到破坏。财富集中也使金融市场中投机的成分更浓，资源配置的能力越来越弱，主要从以下渠道影响系统性金融风险。

（一）导致社会总消费需求下降

从社会总消费需求来看，财富集中会导致经济衰退。凯恩斯（1999）认为拥有财富数量较多的人通常具有较高的储蓄倾向，财富分配差距过大，大部分财富集中在少数人手中会导致储蓄增加。而储蓄增加，消费就相应减少，即导致总需求下降。对此，历史事实已证明，美国在 20 世纪 20 年代的储蓄随着财富集中程度的提高而增加。虽然储蓄增加，即总需求下降不是十分剧烈时，难以形成灾难性的经济危机，但它也会促使系统性金融风险的累积。因为财富集中会引起居民储蓄增加，而储蓄增加会使得消费需求减少，企业库存增加，产出减少，进而导致经济增长速度下降。当劳动力增长与经济增长不匹配，劳动力的供给远超过其需求时，失业率开始大幅上升，经济出现衰退。伴随经济衰退的是总需求的持续下降，企业运营环境不断恶化，企业破产倒闭数量攀升，银行坏账率提高，收缩信贷。作为实体经济晴雨表的证券市场也将受到严重冲击，出现剧烈波动，这都会影响整个金融系统的稳定性。

（二）加速信用扩张

随着财富分配差距扩大，财富趋向集中。这意味着绝大多数财富被少数人占有，拥有财富数量较少的人大幅增加。由于财富较少的人在生存发展过程中借贷的意愿较强，在社会中相对富裕的群体，为实现资产的保值增值，会倾向于投资，在投资过程中难免要为投资进行融资，投资需求也会相应增加。由于此类群体具有良好的信用基础，更容易获得授信。无论是债权还是股权融资，其结果会导致整个社会信贷需求增加，加速信用扩张。但由于投资对消费的挤出效应，会抑制有效需求的增加。按照凯恩斯的有效需求理论，有效需求不足导致系统性金融风险的增加。为此，政府将实施相应政策刺激消费需求。在财富集中的背景下，财富水平较低的群体占有人口的大多数，拉动内需的重点在于刺激这类人的消费需求，以保持经济持续增长。在信用宽松环境下，由于资本的逐利性，银行等金融机构会不断进行金融创新，贷款给低收入阶层，以维持或提高他们的消费水平，典型的是美国的次级贷。这样在所有借贷人中，由于大多数人拥有的财富较少，其信贷质量随着财富集中而不断下降。在信用质量普遍下降的过程中，银行面临的信用违约风险随之上升。因为随着政府刺激消费政策的实施，信用不断扩张，往往能掩盖贫富差距，促使经济虚假繁荣。但其结果是随着财富集中，银行的不良贷款数量会逐渐增加，信用违约的可能性加大，爆发系统性金融风险的概率也随之提高。

（三）刺激投机性投资

从投资角度来看，财富集中程度越高，投机性投资增加。因为财富越多的人对风险厌恶增加，占有财富较少的大多数人偏好风险。同时，出现这种投机性投资有一个重要的前提就是人们手上有多余闲置的资金。只有财富分配差距不断扩大，财富集中才会出现多余的闲置资金。换而言之，财富集中是产生投机性投资的前提条件。因为随着财富集中，拥有财富较少的大多数人追求短时间内获取收益的需求增加，即投机性投资增加。这就意味着投资者购买资产或产品是为了博取价格差，而不是为了生产性目的。当部分投资者通过投机性投资获取利润时，将产生巨大的羊群效应，其他人也会效仿，这容易出现非理性投资。正如金德尔伯格（2010）所指出的那样，当从事投机性投资活动的人不断增加时，在从众心理和高额利润的诱导下，通常会把不参与投机性活动的投资者吸引进来，投资的标的也从初级产品逐渐转换为脱离实际价值的虚幻产品，这使得正常合理的投资行为变成狂热的非理性行为。在这种不健康投资环境中，风险投资无法得到补偿，容易出现投资泡沫，而泡沫一旦破灭，就会引发系统性金融风险。

总之，货币价值波动导致财富分配差距扩大，财富不断集中。当财富集中到一定程度时，会抑制社会总需求，导致生产与需求脱节，经济出现衰退；激化金融市场资金供需矛盾，导致金融杠杆加大，信用快速扩张；刺激投机性投资，滋生投资泡沫。这些都会影响金融系统的稳定性，导致系统性金融风险的生成。

第三节 货币价值波动影响系统性金融风险机制的实证分析

上述理论分析表明，货币价值波动会通过资产价格波动和财富集中机制影响整个经济金融系统。不论是发达国家还是发展中国家，历史上任意货币形态的价值大幅波动都是系统性金融风险发生的前奏，也是影响系统性金融风险的关键因素之一。为验证上述结论，这里选取我国 1990—2018 年数据，考察货币价值波动通过资产价格波动和财富集中机制影响系统性金融风险的过程。

一、研究的思路

首先，通过 Granger 因果检验分析了系统性金融风险、货币价值波动、金融资产价格波动、财富集中之间的关系。其次，在 Granger 因果检验的基础上，利用结构向量自回归模型（SVAR）分析系统性金融风险、货币价值波动、金融资产价格波动、财富集中之间的相关关系。

在进行 Granger 因果检验和 SVAR 分析之前，应对原始数据进行描述性分析和平稳性检验，以保证各个变量都是平稳的，不出现伪回归。在进行 Granger 因果检验时，应对各个变量进行数据描述，以便进一步量化分析。另外，还应利用向量自回归模型随变量进行脉冲分析和方差分解分析。

二、数据选取

文中货币价值波动用货币价值的波动率（hb）来度量，根据货币价值的定义，货币价值的变化率为经济增长速度与广义货币存量（M_2）增长速度的差，根据 ARIMA 模型估计得到其变化率的残差，用其变化率残差的绝对值开方来表示波动率。其中，经济增长速度用我国第 i 年 GDP 的增长率表示和广义货币存量增长速度用 M_2 第 i 年增长率来表示，数据来源于世界银行数据库。考虑到股票在居民持有资产组合中占有比例较大，且用于投机性目的，波动幅度较大，所以金融资产价格的变化率用中国 S&P 股票指数（gp）的变化率来衡量，其中中国 S&P 股票指数变化率来源于世界银行数据库，其波动率计算同货币价值波动率的计算一样。财富集中用个人净财富前 10% 人口所拥有的财富与剩余 90% 人口所占财富的比值（cf）来表示，数据来源 WID 数据库。用金融压力指数（*yl*）来衡量系统性金融风险，数据来源于中国人民银行金融稳定局。样本数据选取我国 1996—2018 年的年度数据进行分析。在实证研究时为降低异方差的影响，对原始数据取对数，得到新的变量分别为 ln*hb*、ln*gp*、ln*cf*、ln*yl*。

三、平稳性检验

为了提高平稳性检验的有效性，运用 ADF 检验和 PP 检验两种检验方法对相关变量 ln*hb*、ln*gp*、ln*cf*、ln*yl* 进行平稳性检验，检验结果显示（表 6.1），变量的水平值在 ADF 检验下接受了存在单位根的原假设，是非平稳的。在 PP 检验下变量 ln*hb* 和 ln*yl* 的水平值拒绝了存在单位根的原假设，是平稳的，但其他两个变量的水平值没有通过检验，是非平稳的。这种情况是视为平稳过程还是单位根过程，目前学者还没有达成共识。为此，对变量 ln*hb*、ln*gp*、ln*cf* 以及 ln*yl* 的一阶差分的平稳性进行检验。在 ADF 检验和 PP 检验结果中，除变量 ln*cf* 的一阶差分在 5% 的显著水平下通过平稳性检验，其他都是在 1% 的显著水平下通过平稳性检验。

表6.1　ln*hb*、ln*gp*、ln*cf*、ln*yl*单位根检验结果

变　量	差分阶数	ADF 统计量	PP 统计量
ln*hb*	水平值	0.599	−5.683*
	一阶差分	−4.069*	−13.97*
ln*gp*	水平值	−1.011	−2.408
	一阶差分	−5.888*	−6.259*
ln*cf*	水平值	1.131	1.665
	一阶差分	−3.187**	−2.958**
ln*yl*	水平值	−2.234	−3.544**
	一阶差分	−4.007*	−7.437*

注：* 表示在 1% 的显著性水平上拒绝"存在单位根"的原假设；** 表示在 5% 的显著性水平上拒绝"存在单位根"的原假设。

四、Granger 因果关系检验

根据上述理论分析，货币价值波动、金融资产价格波动、财富集中以及系统性金融风险存在相关关系，但是否存在因果关系还需要进一步检验。为验证这些变量之间的因果关系，需要进行 Granger 因果关系检验，检验结果如表6.2 所示。

表6.2　Granger因果检验结果

方程变量	排除变量	chi²	df	Prob > chi²
dln*yl*	dln*gp*	0.410 61	2	0.814
dln*yl*	dln*hb*	3.211 2	2	0.201
dln*yl*	dln*cf*	1.908 7	2	0.385
dln*yl*	ALL	5.150 8	6	0.525
dln*gp*	dln*yl*	14.994	2	0.001
dln*gp*	dln*hb*	10.745	2	0.005
dln*gp*	dln*cf*	2.450 3	2	0.294
dln*gp*	ALL	27.565	6	0.000
dln*hb*	dln*yl*	1.023 4	2	0.599
dln*hb*	dln*gp*	4.104 4	2	0.128
dln*hb*	dln*cf*	9.792 1	2	0.007
dln*hb*	ALL	12.718	6	0.048
dln*cf*	dln*yl*	0.505 9	2	0.776
dln*cf*	dln*gp*	3.618 2	2	0.164
dln*cf*	dln*hb*	0.563 4	2	0.754
dln*cf*	ALL	4.322 1	6	0.633

如表 6.2 显示，在以 dln*yl* 和 dln*cf* 为被解释变量的方程中，检验变量系数都不显著，意味着其他变量都不是系统性金融风险的 Granger 原因，类似的其他变量也不是财富集中的 Granger 原因。在以 dln*gp* 为被解释变量的方程中，检验变量 dln*yl* 和 dln*hb* 系数显著性，其卡方统计量分别为 14.994 和 10.745，相应的 p 值分别为 0.001 和 0.005，所以认为系统性金融风险和货币价值波动是金融资产价格波动的 Granger 原因，而检验变量 dln*cf* 的系数不显著，所以财富集中不是金融资产价格波动的 Granger 原因。在以 dln*hb* 为被解释变量的方程中，检验变量 dln*cf* 系数显著性，其卡方统计量为 9.792 1，相应的 p 值为 0.007，所以认为财富集中是货币价值波动的 Granger 原因，而其他检验变量

的系数不显著，不是货币价值波动的 Granger 原因。

从上述分析可以看出，系统性金融风险与货币价值的波动是资产价格变动的原因，财富集中也是货币价值波动的原因，这是符合实际情况的。系统性金融风险的累积往往伴随着资产价格大幅上涨，系统性金融风险的爆发会促使投资者恐慌性抛售，导致金融资产价格下跌；资产价格是用货币来表示的，货币价值的波动自然表现为价格的变化；财富集中会影响投资与储蓄，影响货币的需求，导致货币价值波动。但其他的假设没有通过显著性检验，如货币价值波动、财富集中对系统性金融风险的作用有待进一步研究。

五、SVAR 模型估计

向量自回归模型（VAR）只考虑了滞后期对本期向量的影响，忽视了本期向量之间的相互影响，这是不符合现实的。因为在现实经济活动中同一向量指标当中的不同变量之间在同期存在相关性。VAR 模型忽略了这个因素，于是，VAR 模型在描述经济变量之间的关系时存在局限性。但结构向量自回归模型（SVAR）能有效弥补这一问题。

（一）短期约束的设定

经济活动中的各个变量一定存在相关关系，从长期来看，变量之间的影响具有一定的随机性。因此，这里只考虑 SVAR 的短期约束。在进行短期约束设定时，一般从经济理论或对简化式 VAR 估计结果出发，来设定约束条件。常用的方法是利用乔利斯基分解的思路，定义矩阵 A 为上三角矩阵且对角线元素为 1，矩阵 B 为对角矩阵，其中缺失值表示自由参数，没有约束。

由于使用乔利斯基约束来识别 SVAR，其估计结果与变量的约束顺序有关。因此，在短期约束设定过程中，须根据变量之间的关系进行排序，变量的排序可以从理论上进行说明。

考虑到在短期内系统性金融风险发生，最先影响到的是金融资产价格波动和货币价值波动，对财富集中的影响具有一定的滞后性，同时财富集中对系统性金融风险、金融资产价格波动和货币价值波动的当期影响不明显，因此将财富集中排在最后。通常系统性金融风险、金融资产价格波动和货币价值波动在时间上具有同步性，但当期系统性金融风险对资本市场和货币市场的影响具有一定的滞后性，所以将系统性金融风险排在最前面。相对于金融资产价格的变动，货币价值波动表现出一定的滞后性，所以将资产价格变动放到货币价值变动的前面。

（二）确定 VAR 模型的滞后期

由于样本有限，滞后期太大会导致 VAR 系统的不稳定。根据 Stata13.1 的运算结果，按照 AIC 准则和 BIC 准则，选择滞后期都为 2。

（三）结构式识别

使用对矩阵 **A** 和 **B** 的上述约束，估计 SVAR 模型，结果是所有的约束条件为恰好识别。

六、SVAR 的脉冲响应分析和方差分解

脉冲响应是从时间维度上看某一变量一个脉冲的冲击对系统中其他变量各期的影响。方差分解是从变量的维度看，在同一时期引起某变量变化的因素有哪些。在 SVAR 估计后，考察其脉冲响应函数和预测误差方差分解。

（一）SVAR 的脉冲分析

各变量之间的脉冲分析结果图如图 6.1 所示：

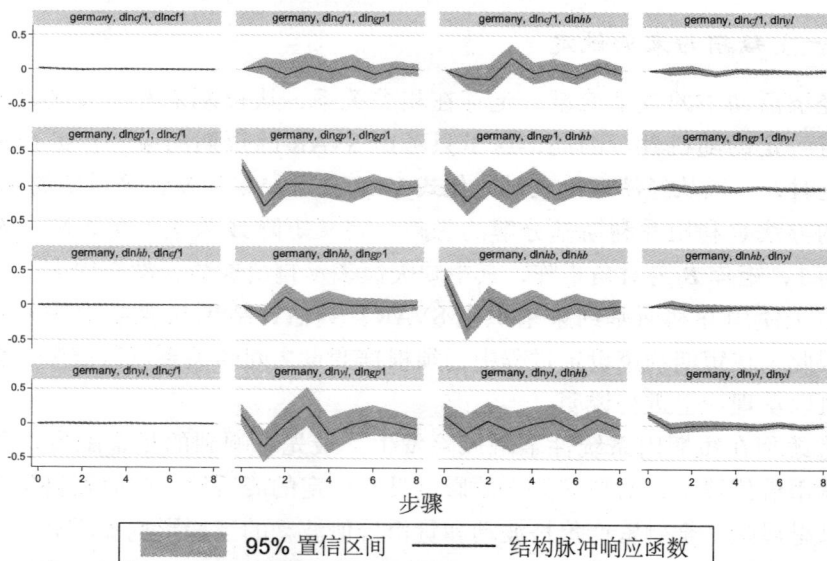

图 6.1 SVAR 的结构脉冲响应函数

根据上述脉冲响应图分析如下：

财富集中初期导致金融资产价格向上波动，货币价值向下波动，财富集

116

中初期对系统性金融风险的影响不明显，1 期开始上升，即导致系统性金融风险增加，随后影响基本消除；从持续时间来看，对金融资产价格和货币价值波动影响较持久。

金融资产价格波动在初期引起货币价值波动下降，且反应较快，5 期后受到的影响消失；金融资产价格波动初期导致系统性金融风险增加，短时间内得到了恢复；对财富集中的影响不明显。

货币价值波动初期对金融资产价格波动带来了负向反应，即货币价值向下波动，金融资产价格向上波动，在 4 期后受到的影响消失；货币价值波动初期导致系统性金融风险增加，到第 2 期影响基本消除；对财富集中的影响滞后。

系统性金融风险初期导致金融资产价格和货币价值向下波动，对财富集中的影响不明显。从反应速度来看，金融资产价格波动的反应最快，货币价值波动次之；从持续的时间来看，金融资产价格波动在 4 期后逐步恢复，对货币价值波动的影响持续时间较长。

（二）SVAR 的方差分解

SVAR 的方差分解图如下（图 6.2）：

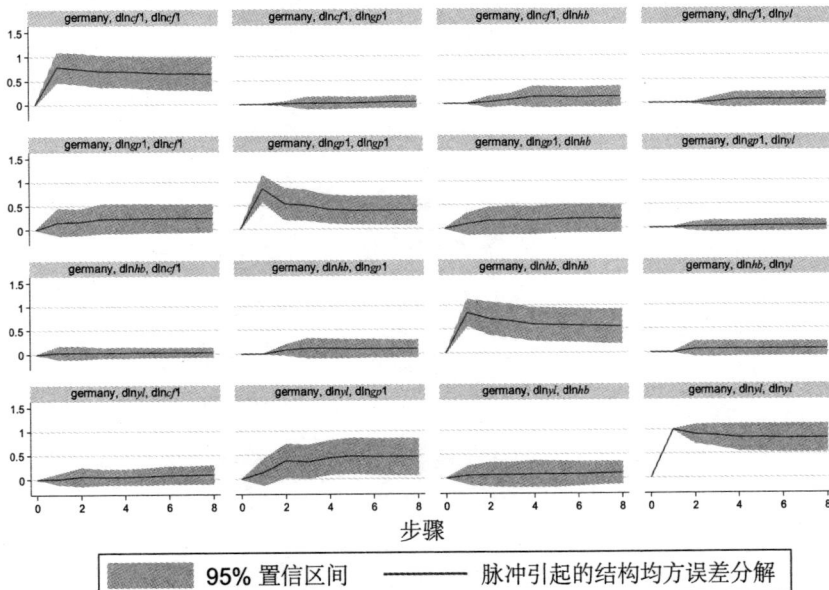

按脉冲响应函数名、脉冲变量和响应变量作图

图 6.2　SVAR 的结构方差分解

SVAR 的结构预测误差方差分解重点分析 4 个变量之间相互影响的重要程度：

对财富集中来讲，对 3 个变量作用都滞后，影响最大的是货币价值波动，之后是系统性金融风险，影响最小的是金融资产价格波动。

对金融资产价格波动来讲，影响最大的是财富集中，之后是货币价值波动，系统性金融风险的影响最小，且滞后 1 期。

就货币价值波动来讲，影响作用从大到小依次为金融资产价格波动、系统性金融风险和财富集中，3 个变量的影响相对较小，初期影响较大的是财富集中，对金融资产价格波动和系统性金融风险的影响滞后 1 期。

对系统性金融风险来讲，对金融资产价格波动的影响最大，达到接近 0.5 的影响，之后是货币价值波动的影响，对财富集中的影响最小。

第七章　货币价值波动影响系统性
金融风险的差异性研究

从系统性金融风险事件的空间分布来看，金融系统性风险爆发区域涵盖了世界不同发达程度国家或地区。一战前，英国是世界经济中心，英镑成为国际货币体系的核心，期间英国也是系统性金融风险的主要发源地。一战后，美国经济崛起，美元在国际货币体系中被普遍接受，在国际结算中广泛使用，外汇储备占比不断加大，成为国际本位币，同时美国成为系统性金融风险的主要输出国。这充分说明不同类型国家货币价值波动的影响不同，同时引发了对不同类型国家货币价值波动影响系统性金融风险差异的思考。

当前，国际货币体系具有不对称性，国际金融系统具有内生不稳定性，严重威胁全球经济金融系统的安全。当然，国际货币体系的不对称只是影响系统性金融风险的现实基础。在这一现实基础上，货币价值波动影响系统性金融风险存在空间差异分布。通过考察引起这种空间差异的原因，发现不同类型国家货币价值波动引发系统性金融风险的路径不同，这是从国家层面构筑金融风险防火墙，健全系统性金融风险防范体系不可回避的现实问题。

第一节　货币价值波动影响系统性金融风险的空间差异分析

一、不同类型国家系统性金融风险事件分布情况

从系统性金融风险事件的空间分布来看，无论发展中国家还是发达国家，都发生过系统性金融风险，但不同发展水平的国家爆发系统性金融风险的频率不同，鉴于发达国家和发展中国家的概念提出的时间，仅对第四阶段系统性金融风险事件进行空间比较分析，将经济合作和发展组织 24 个成员国作为发达国家，其他国家视为发展中国家，根据表 3.4 统计结果如表 7.1 所示。

表7.1　不同类型国家爆发系统性金融风险事件分布情况

国家类型	银行危机	货币危机	债务危机	综合性危机	合　计
发达国家	25	7	4	2	38
发展中国家	102	47	68	1	218

从上表 7.1 可知，期间 24 个发达国家中有 16 个国家共经历了系统性金融风险事件 38 次，56 个发展中国家经历了 218 次风险事件。统计表明，发展中国家发生的银行危机、货币危机以及债务危机次数远远超过发达国家。这主要是因为在经济多极化发展的背景下，世界经济波动加剧，发达经济体具有吸纳经济波动冲击的能力，甚至可以将风险向外转嫁，而发展中国家不具备这种能力。也就是说，发展中国家的系统性金融风险除受国内金融系统内生性因素影响外，由于国际金融系统的不均衡发展以及新兴经济体自身监管滞后等因素，其更容易遭受发达经济体金融风险的传染。这增加了发展中国家系统性金融风险爆发的可能，也解释了此阶段系统性金融风险爆发的中心逐步向新兴经济体转移的现象。

二、货币价值波动影响系统性金融风险的空间分布

根据表 3.4，可知 20 世纪 80 年代以后以货币危机、银行危机、债务危机以及综合性危机形式表现的系统性金融风险次数及其爆发国家情况，共有 72 个国家爆发了 256 次系统性金融风险。在这 72 个样本中考察了系统性金融风险爆发前连续 2 年货币价值异常波动情况，有 40 个国家发生了 73 次系统性金融风险事件，其空间分布情况如表 7.2 所示。

表7.2　货币价值波动影响系统性金融风险的空间分布

	国家	日本	英国	土耳其	芬兰	美国	加拿大
发达国家	次数	2	2	3	2	2	1
	国家	挪威	丹麦	瑞典	希腊	冰岛	西班牙
	次数	2	3	2	2	2	2
发展中国家	国家	安哥拉	科迪特瓦	尼加拉瓜	肯尼亚	秘鲁	摩洛哥
	次数	1	2	2	2	1	1
	国家	尼日利亚	南非	委内瑞拉	印度尼西亚	韩国	泰国
	次数	2	1	2	2	2	2
	国家	缅甸	菲律宾	斯里兰卡	中国	马来西亚	阿根廷
	次数	1		1	1	1	3
	国家	玻利维亚	巴西	智利	哥伦比亚	哥斯达黎加	墨西哥
	次数	2	3	1	2	1	2
	国家	厄瓜多尔	乌拉圭	危地马拉	多米尼加		
	次数	2	2	1	2		

从表 7.2 中可以看出，货币价值持续波动引发的系统性金融风险的重灾区主要集中在欧洲和美洲国家，非洲和亚洲国家相对较少。从不同类型经济体的分布情况来看，货币价值波动引发的系统性金融风险涉及 12 个发达国家，共发生 25 次风险事件，占 34.2%；涉及发展中国家 28 个，共发生风险事件 48 次，占 65.8%。这说明两类不同经济体发生系统性金融风险的频率存在较大差异，进而引发了对产生这种空间差异的原因思考。从宏观来看，这种空间差异的出现与不同经济体自身经济金融发展水平有关；从微观来看，由于不同经济体货币价值波动引发系统性金融风险的路径不同，不同类型国家爆发系统性金融风险的频率不同。当然，探讨货币价值波动引发系统性金融风险的路径差异不能脱离引发当前这种空间差异的一个重要的现实基础，即国际货币体系的空间差异性。

三、产生空间差异的现实基础

（一）国际货币体系的空间差异

国际货币体系的演变的基础是世界经济格局。不同历史时期，世界各国受经济、政治以及社会等因素的影响不同，各国所拥有的资源禀赋、经济总量以及经济制度和政策等方面存在差异。这直接导致国际货币体系的运行在空间上是不对称的。也就是说，不同的国家面对国际货币体系带来的成本和收益是不同的。从金本位制到现行的牙买加国际货币体系，这种差异性一直存在，只不过在不同历史时期，这种差异的内容和表现形式不同而已。同时，这种差异将国际货币体系分为发达国家和发展中国家两大阵营：发达国家在世界经济体系中处于支配地位，其主权货币在国际贸易结算和国际储备中的占比较大，其货币价值波动对世界经济影响较大；发展中国家的主权货币在国际货币体系中处于弱势地位，且在世界经济中的比重较小，相应的货币价值波动对其他国家经济冲击也较小。随着新兴市场国家的兴起，经济全球化的快速推进，世界经济呈现多元化的格局。这种经济格局决定了国际货币体系的新特点，国际本位币逐步由单一向多元化转变，主要的国际储备货币也逐步演变为美元、欧元和日元格局。总之，国际货币体系的不对称是客观存在的，这种空间差异也随世界经济格局演变而变化。

（二）国际货币体系空间差异的表现形式

在当前信用货币体系下，国际货币体系的空间差异性日益凸显，主要表现在以下几个方面：一是主权货币地位的差异性。国际本位币在国际贸易中充当价值基础和支付手段，也就是说，发达国家可以用自己的货币与其他国家进行交易，而非本位币不能成为国际货币，不被普遍接受，只能用自己的商品和服务来交换。这种不对称性直接导致各国外汇储备的差异。发展中国家为维持国际经济交换和国内经济稳定的需要，必须储备以国际本位币计价的资产。因此，国际本位币可以在世界范围内充当交易媒介履行货币职能，非本位币则不具有此职能。二是国际铸币税收入的不公平性。国际本位币作为国际货币，可以在国际货币体系中获取大量的铸币税收入。首先，国际本位币可以在世界各地流通，这些通货对发行国来说等同于不用支付利息，且不用偿还的债务；其次，铸币收入的另一来源是发达国家发行的国债，通常由于发达国家所发行的债券信用较高，这些国家能以较低利率融资。同时，相关国家的企业也可以发行各种有价证券进行融资，且能得到其他国家的认可，融资成本相对较低，尤其在国际结算中直接以本国货币计价，可以规避货币价值波动的风险，降低交易成本。所有这些都给发达国家带来很大的收益。三是债权债务利益分配不均衡。通常，发达国家面临巨额外债时，可以通过货币贬值的方式来减轻债务负担，使自己受益。也就是说，发达国家可以通过自身货币贬值获取资本利得，提高自身竞争力。而发展中国家通常作为债权方往往因为本位币贬值而遭受损失。这使得两类国家在债权债务利益的分配上不均衡。四是对世界经济的影响程度不同。首先，发达国家凭借在世界经济体系中的巨大经济体量，其政策的调整，尤其宏观经济政策的变化对世界各国的经济都具有较大的冲击，而发展中国家的政策效应一般是局部区域性的。其次，国际本位币作为各国主要的储备货币，其供需的变化直接影响其他国家的货币政策。因为在外汇市场上，国际本位币的供需影响其他国家货币对国际本位币汇率的变化，进而伴随着国际资本的流动。具体来说，国际本位币升值，促使国际资本从其他国家流入。反之，国际资本流出容易造成发展中国家的流动性过剩，进而导致发展中国家为应对不利影响而调整自己的经济政策。

　　上述研究表明，发达国家与发展中国家的货币价值波动影响系统性金融风险的路径存在较大差异。下面以美国、日本为发达国家的代表，以墨西哥、泰国、马来西亚为发展中国家的代表，探讨货币价值波动影响系统性金融风险的路径差异。

第二节　发达国家货币价值波动与系统性金融风险

一、货币价值波动与美国次贷危机

（一）美国次贷危机爆发前货币价值波动状况

从 1975 年以来，美国货币价值波动幅度较大，其峰值出现在 2010 年。从 2003 年开始，货币价值波动幅度加大，在 2007 年次贷危机爆发之前三年货币价值的波动率分别为 1.46%、1.71% 和 2.35%，到 2006 年货币价值的波动远超过 1975—2007 年货币价值波动率的均值，视为异常波动（图 7.1）。

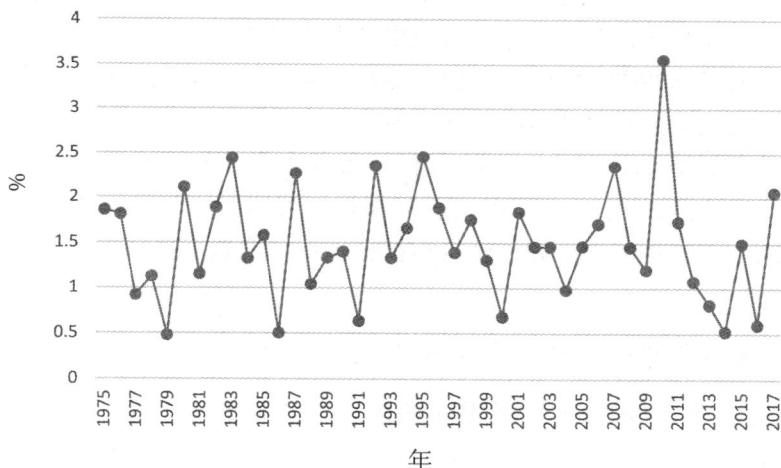

图 7.2　美国次贷危机爆发前货币价值波动情况

从经济增长的角度来看，美国从 2000 年互联网泡沫破灭后，随着扩张性财政和货币政策的实施，其经济增长速度在 2001—2006 年呈缓慢上升态势，从 2001 年 1.78% 持续上升到 2005 年的 3.35%，2006 年由于美国房地产行业开始衰退，其经济增长速度较 2005 年有所下滑，为 2.67%，2007 年经济持续下滑，增长速度下降为 1.77%。

从货币存量的角度来看，在次贷危机爆发前美国政府一直实施宽松货币政策，广义货币存量 M_2 的增长速度在 2001—2006 年持续高速增长，从 2001

年的 4.49% 增加到 2006 的 11.71%。且期间货币存量的增长速度远大于经济增长速度，表明货币价值变化率一直为负，呈现持续贬值状态。

（二）美国货币价值波动引发次贷危机的概况

美国在经历互联网泡沫破灭后，采取了扩张性财政和货币政策来刺激经济增长。在宽松的货币政策环境下，美元持续贬值，资产价格大幅上涨。其中，美联储采取的低利率政策导致房地产价格不断攀升，金融市场一片繁荣。同时，美元持续贬值的过程中扩大了财富分配差距，导致财富不断集中，贫富差距加大。在信贷不断扩张的情况下，美国的次级贷款以平均每年 30% 的速度增长，次级贷款总规模也大幅增加。2004 年后，美国货币政策开始逆向调整，利息不断提高，借贷成本上升，抑制了购房需求，导致房价下降。银行为规避潜在风险，将手中次级贷款转变成债券，出售给投资银行，投资银行专门设计相应的保险提供给债券购买者。正是房地产商、银行、投资银行和保险公司的联合盲目操纵下，美国房地产行业出现虚假繁荣。当房价下跌，各银行及涉及次贷业务的金融机构出现大面积亏损。2007 年 3 月，美国第二大抵押贷款公司——新世纪金融公司被纽约交易所终止交易，半个月后宣布破产，随后贝尔斯登公司被收购，濒临破产的房利美和房地美由美国政府接管。2008 年 9 月 15 日，雷曼兄弟公司正式申请破产保护。美国股市当天大跌，欧亚市场也全面大跌。美国各大银行和投资机构接连破产，次贷危机爆发，并迅速蔓延全球。

（三）美国货币价值波动引发次贷危机的原因

从表象来看，导致美国的次贷危机爆发的诱因是货币政策失误、资产证券化以及高杠杆等因素。但从本质来看，次贷危机爆发与美元价值持续大幅波动密切相关，危机发生前美元价值持续大幅波动，引起金融资产价格波动和财富集中，促使信用规模大幅扩张，加大了美国金融系统的脆弱性，最终引发次贷危机。

1. 美元价值大幅波动催生了资产价格泡沫

美国在次贷危机之前，货币存量增长率远远高于经济增长率，使得货币价值变化率连续多年为负，意味着美元持续贬值，而这刺激了居民的投资需求。加上 2001 年至 2004 年美国实施了扩张性的货币政策和财政政策，实体经济向好，股票市场也随实体经济转好而不断繁荣。美国标准普尔 500 指数从 2003 年到 2006 年基本保持两位数的上涨，其中 2003 年上涨 26.38%，2006 年上涨 13.61%。同时，由于在此期间融资成本较低，信贷规模持续增加，进一步刺激了国内消费需求。最为突出的是房地产信贷的扩张，次级贷数量大幅攀升。2002 年美国次级数量增长率为 27.4%，到 2006 年美国次级贷款规模达到6 000 多亿美元，比 2001 年增长两倍多，占全部房贷规模的 20.1%。这促使房地产价格持续上涨，美国房地产价格指数在 2001—2006 年上涨了 1.3 倍，市场出现过热，形成房地产价格泡沫，使系统性金融风险膨胀。随着 2004 货币政策逆向调整，在利率上升和房价下跌的压力下，房地产价格泡沫破灭，风险迅速扩散到信用市场。2006 年，美国次级贷违约总额占贷款余额的 13.3%。

2. 美元价值波动导致经济结构失衡

20 世纪 90 年代后，美国实施产业转移，去工业化，将劳动力密集产业转向金融、研发以及营销等高端产业。这一过程中，美元价值大幅波动，商品价格和汇率也随之波动，使得实体经济面临经营风险加大，利润下降，加剧了美国产业空心化，使实体经济发展放缓，虚拟经济膨胀，最终导致脱实向虚经济失衡格局。期间，美国实体经济产业创造的 GDP 占全国 GDP 的比重逐年下降，虚拟经济所创造的 GDP 所占比重逐步上升。到 2007 年，实体经济创造的 GDP 所占比重由 1980 的 36% 下降到 18.7%，虚拟经济所占的比重由 15.5%提高到 20.7%。这种经济结构失衡局面加剧了美国经常项目逆差，同时加速了产业资本向金融资本转移，造就了规模巨大的金融衍生品市场。据国际清算银行统计，截至 2006 年，美国国内金融市场的总市值为 400 万亿美元左右，大约是当时 GDP 总额的 30 倍。在这个虚拟经济快速膨胀的过程中，高杠杆、高风险特征凸显，加大了金融系统的脆弱性。

3. 美元价值波动导致流动性冲击

在牙买加国际货币体系下，美元作为世界货币，在世界经济体系结算中起主导作用。美元依靠此独特的地位，可以通过购买其他国家商品或服务来向投放流动性，同时通过发行债券等方式吸引相关国家购买美国金融产品，促使美元回流。美元价值大幅波动会影响美元的投放和回流。当美元价值波动持续贬值加剧了美元的投放，容易造成流动性泛滥。一旦流动性过剩就会引发信用快速扩张，推高资产价格，形成资产价格泡沫。当美元价值反向变动，导致信用紧缩，流动性减少，将会使房地产和金融资产价格下降。这样极易使美国金融系统遭受流动性冲击，导致金融系统大幅动荡。

4. 美元价值波动加速财富集中

21 世纪初，由于美国经济增长速度与广义货币增长速度的差距不断扩大，货币价值持续波动，使国内的投资和储蓄不断变化，加速了资本的流动。尤其是导致产业资本向电子信息技术、金融等支柱产业转移。期间，美国计算机行业人均收入年增长 41.7%，增长速度超过其他行业；2007 年，美国所有上市公司的利润约 40% 来自金融行业公司。这说明财富也加速向相关产业集中，财富分配差距在 2007 年接近历史高点，最富有的 10% 的家庭财富占总财富的比例提高到 69.7%。在财富集中的过程中，由于美国缺乏新的经济增长点，没有较好的投资渠道，拥有财富较多的人不断将财富投入房地产或证券市场，引发了资产价格膨胀。这种投资行为的赚钱效应会刺激低收入阶层的投资需求，而银行等金融机构为了获取更多利润，在宽松的宏观经济政策下，放松信贷要求，通过抵押贷款满足低收入者的要求，导致信用不断扩张，金融资产质量也随之下降，使银行系统性金融风险累积。此外，拥有财富较多的群体是投资的主体，具有影响政府政策制定的能力。他们可以通过说服政府出台有利的扶持优惠政策，使财富分配差距进一步扩大，导致经济结构失衡。

二、货币价值波动与 1990 年日本泡沫危机

（一）1990 年日本泡沫危机前货币价值波动情况

从 1980 年到 1990 年，日元价值的变化率一直维持在 −7.56% ~ −3.3%，这意味着日元在此期间处于连续贬值状态。这主要由于在泡沫危机爆发前日本经济发展速度较快，经济持续平稳发展，期间经济增长速度为 3.31% ~ 6.75%，但日本在此期间一直实施宽松货币政策，释放大量流动性，广义货币存量在 10 年间平均增长率超过 8%，增长速度最快的是 1989 年，达到 10.99%，每年广义货币存量增长速度都远远超过当年的经济增长速度，使得日元价值的变化率一直为负。从货币价值的波动率来看（图 7.2），日元价值波动的峰值在 2000 年出现，2000 年之前的波动相对缓和些。但在 1980 年至 1990 年，日本泡沫危机爆发前两年日元价值波动较大，属于异常波动。

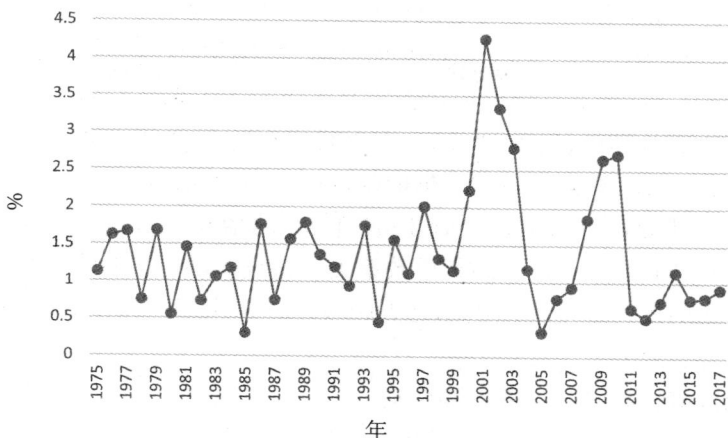

图 7.2　日本泡沫危机前货币价值波动情况

（二）货币价值波动引发 1990 年日本泡沫危机概况

进入 20 世纪 80 年代，以出口为导向的日本经济快速发展，并成为美国最大的债权国。美国为缓解经常项目逆差和财政赤字的困境，1985 年通过签订广场协议迫使日元升值。日元价值上升对日本出口和经济增长产生了极大的负面影响。出口增速大幅下降，1986 年的出口增速为 −4.8%。相对于 1985 年，1986 的经济增长速度下降了 3%。为缓解日元升值带来的负面效应，日本政府开启新的扩张性货币政策，随后日本央行连续五次降息，将贴现率降至 2.5% 的低水平阶段，使得信用大幅扩张。同时，广义货币存量的增速从 8% 上升到 12%，远大于 GDP 的同比增速，使得货币价值大幅波动，流动性急增，且不断流入证券和房地产市场，形成资产价格泡沫。在 1985—1989 年，日本城市土地价格指数上涨了 36.7，年均增长 6% 左右；日经指数上涨了约 27 000 点，年均增长 35% 左右。在资产价格膨胀的过程中，该时期日本呈现高杠杆、高债务。此后，日本政府为防止资产价格泡沫扩大以及债务的恶化，收缩银根，短期利率大幅调高，使得泡沫破灭，引发了系统性金融风险。

（三）货币价值波动引发 1990 年日本泡沫危机的原因

1. 日元价值波动导致资产价格泡沫

在经济泡沫破灭之前，日本实施宽松的货币政策，持续增加货币供应量，使得货币出现超额错配，导致流动性过剩。但在日元价值上升以及政府扩大内需政策的刺激下，日本当时物价保持相对稳定，消费价格指数没有大幅上涨。

这主要是由于大量的流动性被金融市场和房地产市场吸收了，使得资产价格出现暴涨。从 1986 年开始，日本并没有警惕流动过剩的现象，因为当时日本的 CPI 一直维持在 2% 以下，物价稳定作为日本央行主要监管目标之一，其主要指标 CPI 维持在合理的范围，所以日本央行轻视了流动性过剩以及资产价格大幅上升，没有及时调整货币政策来抑制资产价格泡沫的膨胀，而是一直保持低利率政策，继续释放流动性，到 1989 年 M_2 的增长率接近 11%。结果是当物价也开始大幅上涨时，宽松的货币政策无法持续。随后，日本开始大幅提高利率，收缩流动性，货币价值也随之大幅波动，未来资产预期收益发生转向，泡沫经济无法继续扩大，最终破灭。

2. 日元价值波动引起汇率大幅变动

日本泡沫经济破灭前，日本经济处在转变增长方式，实施开放战略，一度成为世界第二大经济体，且成为美国第一大债权国。毫无疑问，日本泡沫经济生成的原因是复杂的，有微观层面的因素，也有宏观层面的因素。从宏观经济层面来讲，日本泡沫经济的生成与日元汇率的大幅波动有关，汇率的波动既与央行相关政策调整有关，也与同期日元本身价值的变化密不可分。

随着美日国际收支以及经济实力的变化，美国被经济滞涨所困扰，美元处于贬值通道。而日本经济进入繁荣阶段，日本央行为维持经济的虚假繁荣，压制日元的升值。日本央行开始货币操作，仅 1987 年日本就投放了 258 亿美元来抑制日元升值，同时增加相应的基础货币供应量，这使得货币供应量快速上升，名义利率不断下降，日元本身价值降低。一方面，日元价值的变化成为资产价格上涨的原动力之一，促使资产价格膨胀；另一方面，日元价值的波动影响汇率的变化，进而影响外资的预期收益，加速外资撤离，导致系统性金融风险的发生。

第三节　发展中国家货币价值波动与系统性金融风险

一、货币价值波动与 1994 年墨西哥金融危机

（一）1994 年墨西哥金融危机前货币价值波动情况

从 1990 年到 1994 年，墨西哥经济增长速度保持较高水平，GDP 的增长率维持在 3.6% ～ 5%。受扩张性货币政策的影响，墨西哥广义货币存量 M_2 同

比增速保持在 16%～83%，远超过 GDP 的增长速度。而两者增速之差即货币价值的变化率相当大，为 –12.83% 和 –78.7%，这意味着比索本身在此期间处于连续贬值状态。从货币价值的波动率来看（图 7.3），比索的价值在 2000 年前波动非常剧烈，之后相对缓和。除 1987 年和 1988 年之外，墨西哥货币价值波动率较大的是金融危机爆发前的 1992 年和 1993 年，波动率分别为 6.97% 和 6.33%。

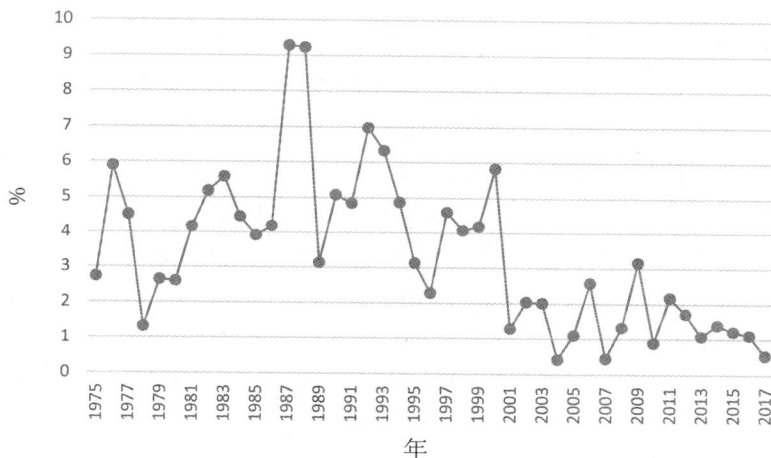

图 7.3　1994 年墨西哥金融危机前货币价值波动情况

（二）货币价值波动引发 1994 年墨西哥金融危机概况

经历 20 世纪 80 年拉美债务危机之后，墨西哥为使经济快速走出困境，开始实施一系列的改革，包括贸易自由化、降低关税以及开放资本账户等。在固定汇率制下，墨西哥政府把汇率作为反通货膨胀的工具，且有效控制了通货膨胀。在宽松货币政策推动下，货币大幅贬值，但在经济运行中比索的价值被大幅高估。这样削弱了国内产品的出口竞争力。此外，这样持续的低通胀刺激国内的消费需求，使得商品进口急剧增加。结果是墨西哥的国际收支不平衡，经常项目逆差不断扩大，到 1994 年已扩大到 289 亿美元。问题的关键是，墨西哥用来弥补经常项目赤字的资本项目盈余是投机性较强的短期外国资本。至 1993 年，这种外资的净流入量已近 300 亿美元。

这种经济运行的失衡现象被认为是改革所带来的正常现象，并没有引起监管当局的重视。随着货币价值的持续波动，到 1994 年 12 月，墨西哥政府宣布货币比索贬值 15%，这加速了短期外资流出，大量抛售比索，使得比索价值急剧下跌。1994 年 12 月 20 日至 22 日，短短的三天时间，墨西哥比索兑换美元的汇率下跌了 42.17%。伴随比索价值大幅下降，外资大量撤离，股市应声下跌，下跌幅度超过了比索贬值的幅度，最终引发了 1994 年的金融危机。这次危机表面看来是由外资投机攻击所引发的，其本质是由于墨西哥货币价值剧烈波动破坏了其经济平衡发展的局面，增加了金融系统的脆弱性。

（三）货币价值波动引发 1994 年墨西哥金融危机的原因

1. 比索价值波动加剧了经常项目逆差

由于墨西哥把汇率作为遏制通货膨胀的重要工具，且当时墨西哥实施固定汇率制，比索的价值被严重高估。比索的贬值削弱了墨西哥出口的竞争力，贸易出口额有所下降。但国内维持低通胀水平，刺激了消费需求，使得墨西哥消费品的需求急剧增加，进而促使相关原材料和消费品的进口增加。墨西哥的进口总额从 1987 年的 200 亿美元增加到 1993 年的 800 亿美元，翻了 4 倍，年平均增长率为 20%。在出口萎缩的情况下，进口总额的持续增加导致墨西哥经常项目逆差不断扩大。到 1994 年，墨西哥经常项目逆差达到 296.6 亿美元，占 GDP 的比例超过 7%，突破国际货币基金组织 5% 的警戒线。这种由于货币价值波动带来的长期经常项目逆差打破了墨西哥经济系统的平衡，也破坏了墨西哥经济系统的防御能力，增加了遭受外部冲击的可能性。

2. 比索价值波动导致出口受阻

由于墨西哥一系列改革开放措施的实施，其经济发展状况良好，实现了物价稳定、充分就业等宏观调控目标。但期间墨西哥 GDP 的平均增长率不到 3%，与周边国家的经济增长速度相差甚远，经济增长速度下降迹象明显。这主要由于货币价值波动使墨西哥出口受阻，以出口为导向的墨西哥，其国内投资也受到严重影响，加剧了国际收支的不平衡，经济项目持续逆差。在比索严重高估的状态下，这种发展模式不可持续，阻碍了墨西哥经济增长，使墨西哥经济增长丧失了动力。

3. 比索价值波动增加了外债违约风险

墨西哥的汇率制度影响，货币价值波动，比索极易被高估或低估。在比索被大幅高估时，会影响国际贸易的进出口，使国际收支不平衡，出现经常项目逆差，而经常项目逆差的不断扩大意味着外债不断累积。从国际收支平衡的视角来看，巨大的经常项目逆差应通过金融资本项目来平衡，即需要外资的不断流入来补充。外资的流入形式主要有直接投资和证券投资等，但直接投资在墨西哥并不是外资流入的主要形式，其资本流入的主要形式是证券投资，如

1993 年墨西哥通过证券投资吸引的外资占当年引进外资总额的 70% 以上。这种外资结构具有很大的不稳定性，因为证券投资的主要标的是墨西哥政府债券，且相当一部分为短期政府债券，预期收益率较高，最高达 13.27%，远高于当时美国政府债券的回报率。加上墨西哥采取固定汇率制，汇率风险可控，因此导致大量套利资金流入墨西哥。随后由于比索大幅贬值，以及面对通胀压力，美联储多次提高基准利率，墨西哥的外资大量撤离，引发了金融市场的动荡。而墨西哥无法通过发行债券来弥补经常项目逆差，进一步加大了墨西哥的外债偿付压力，同时这些短期债券具有期限短、货币错配的特点，一旦比索价值大幅波动，墨西哥政府债券违约风险将急剧增加。

4. 比索价值波动加剧了汇率的波动

1989 年，墨西哥的汇率制度从钉住美元的固定汇率制演变为爬行钉住汇率制，即墨西哥央行每隔一段时间按一定百分比小幅调整汇率。这样就将比索兑美元的汇率固定在一个较小的范围进行灵活微调。但墨西哥推行宽松货币政策，比索本身的价值持续降低，这使得墨西哥汇率被严重高估。随着政府财政过度赤字，经常项目逆差不断扩大，即使消耗大量的外汇储备干预外汇市场，也难以缓解汇率的大幅波动，固定汇率制度逐渐难以维系。随着墨西哥央行干预外汇市场的能力越来越弱，汇率大幅波动的预期越发明显。这种预期引发了投机性冲击，迫使墨西哥放弃固定汇率制，采取浮动汇率制，随后比索价值回归，对美元的汇率大幅下跌，一周累计贬值 60%。

总之，在墨西哥的比索危机的生成过程中，货币价值波动起了关键作用。货币价值的波动导致经常项目逆差不断扩大，加速了外资流动，促使了外债的快速膨胀，对钉住美元的固定汇率制造成很大冲击。这种货币本身价值较低，而由于固定汇率制带来的货币价值高估，这种矛盾将加大金融系统的脆弱性，容易受到投机攻击，引发系统性金融风险。

二、货币价值波动与 1997 年泰国金融危机

（一）1997 年泰国金融危机前货币价值波动情况

从 1993 年到 1996 年，泰国经济发展速度相当快，GDP 的增长率维持在 5.6% ～ 8.23%，除 1996 年外，其他三年都是保持 8% 左右的增长。同时，泰国 M_2 同比增速保持在 10.6% ～ 18%，远大于 GDP 的同比增速，两者增速之差即货币价值的变化率为 –2.6% ～ –10.7%，这意味着泰铢本身价值在此期间处于连续下降状态。从货币价值波动来看（图 7.4），1993 年到 1996 年泰铢

的价值都出现过连续的大幅波动。尤其在 1997 年金融危机爆发后货币价值波动较剧烈，泰国在危机爆发前三年货币价值的波动率为 2.07% ～ 2.7%，波动率的峰值为 3.8%，出现在 1997 年。

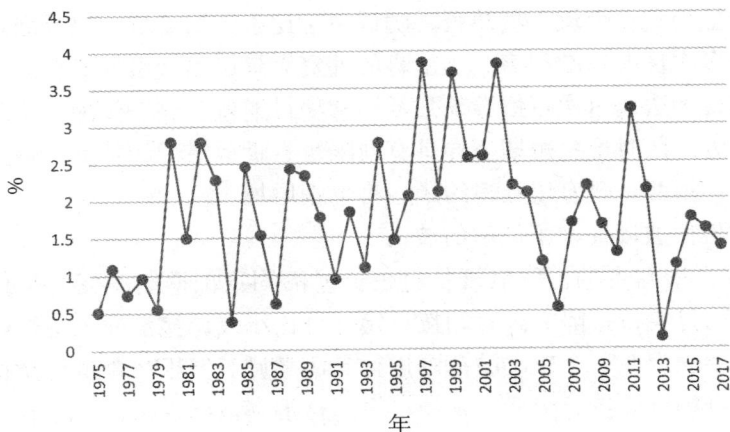

图 7.4　1997 年泰国金融危机前货币价值波动情况

（二）货币价值波动引发 1997 年泰国金融危机概况

从 20 世纪 80 年代开始，泰国实施出口导向型战略，产业也逐步转移到劳动密集型的加工业，这种发展战略促使泰国持续高速增长，GDP 年均增长率为 8% 以上。其劳动力密集型产品的国际竞争力较强，出口态势良好，为泰国创造了大量的外汇储备。但其经济发展过程中也存在一些隐患：一是对国际资本依赖度过高；二是银行信贷快速扩张，短期外债高企；三是实施的汇率制度缺乏弹性，面临较大的汇率风险。到 1997 年，泰国面临大量中短期外资贷款，经济出现衰退，出口下降，泰铢货币价值被高估。这些隐患为国际投机资金提供了机会，在投机攻击下，泰国放弃与美元挂钩的固定汇率制，泰铢大幅贬值。随后，泰铢贬值 60%，股市大幅下跌，金融市场剧烈波动，金融指标急剧恶化。

（三）货币价值波动引发 1997 年泰国危机的原因

1. 泰铢价值波动导致国际资本大幅流动

随着泰国出口导向战略的实施，经常项目逆差也不断扩大。通常，弥补经常项目逆差的方式有出售资产、吸引外资以及向国外举债等。在 1997 年之前，泰国一方面通过金融自由化改革，逐步放松外汇管制，开放资本市场；另一方面通过提高利率，拉大泰铢与美元的利差来吸引外资，导致大量套利资本流入泰国。1990—1995 年，泰国的资本净流入量高达 219 亿美元，相对之前大幅增长。

随着泰国经济发展对外资的依赖程度不断提高，其引进外资结构也不合理。从 1995 年泰国外资流入构成来看，直接投资比例较小，约占总资本流入的 5%；由于泰国金融市场不发达，以股票和债券形式流入的外资不足 20%，以银行贷款形式流入的外资超过 50%。这意味着泰国大部分外资都是通过银行系统流入的。当货币价值波动造成外资预期收益下降时，外资会迅速撤离，导致金融市场动荡，尤其是像泰国这种外资结构不合理的情况下，更会加速国际资本的流动，使泰国金融系统遭受巨大冲击。

2. 泰铢价值波动引发泰国资产价格泡沫

泰国金融自由化的改革导致货币价值不断波动，与美国的高利率差又吸引了大量外资涌入，且大部分以银行贷款形式流入。受此影响，泰国信用迅速扩张，1996 年私人部门贷款几乎是 1990 年的两倍，且大部分的贷款流入金融市场和房地产市场，推动了泰国资产价格的大幅上涨。在危机爆发前 4 年，泰国股票指数翻倍，地价指数上涨了 63%。随着金融市场和房地产的繁荣，泰国银行大量贷款抵押物为房地产。也就是说，货币价值波动推动了信用和资产价格的膨胀，导致泰国经济趋向高杠杆和泡沫化。经济泡沫带来的经济繁荣掩盖了国内经济问题，经济系统中各种矛盾并没有激化，但泰国本身经济基本面开始恶化已成为不争的事实，这无疑会使金融系统的脆弱性与日俱增。一旦货币价值回归，资产价格下降，受冲击最大的是银行，因为银行持有大量抵押资产，资产价格大幅下跌会导致银行不良资产率上升，增加银行系统性风险。另外，当资产价格泡沫破灭时，投资者预期发生改变也会造成金融市场的恐慌。

3. 泰铢价值波动导致经常项目逆差

泰国在二战后一直采用固定汇率制，先后实行钉住黄金、单一货币和一篮子货币。在 1997 年危机爆发前相当长的时期内，泰国实行钉住一篮子货币的汇率制度，泰铢兑美元的汇率保持在相对较稳定水平，但泰铢本身的价值下降，而国际市场上的汇率保持稳定，这也使得泰铢被高估。泰国在实施对外开放政策后，通过刺激消费和投资，打破进出口贸易的平衡，进而使得泰国国际收支不平衡，出现了经常项目逆差，且逆差不断继续扩大。在经常项目逆差的情况下，动用外汇储备干预汇率的能力越来越弱。随着泰国外汇储备的急剧下降，外资意识到泰铢贬值不可避免，纷纷抛售泰铢资产，迫使泰国放弃固定汇率制，实行浮动汇率，加速泰铢价值回归，大幅贬值，最后引发系统性金融风险。

由此可见，货币价值波动在 1997 年泰国金融危机的形成过程中扮演了重要的角色。货币价值的波动使得固定汇率制度下泰铢被严重高估，经常项目逆差不断扩大，影响了国家干预汇率的能力。这增加了泰国爆发系统性金融风险的可能性。

三、货币价值波动与马来西亚金融危机

（一）1997 年马来西亚金融危机前货币价值波动情况

从 1988 年开始至金融危机爆发前，马来西亚经济一直保持快速发展，GDP 的年均增长率保持 9% 以上，在 1996 年经济增长速度达到峰值 10%，除 1992 年经济增长速度为 8.88%，低于 9% 外，其他年份都保持 9% 以上的增长。而马来西亚 M_2 同比增速从 1991 年开始一直保持在 11% 以上，其中 1992 年达到最高值为 71.6%。由此可见，M_2 的同比增速远大于 GDP 的同比增速，两者增速之差即货币价值的变化率在 1991 年至 1996 年为 −2.29% ～ −63%，这意味着马来西亚货币林吉特的价值在此期间处于连续下降状态，且波动范围较大。从货币价值波动来看（图 7.5），马来西亚从 1990 年开始货币价值出现连续剧烈波动，到 1994 年虽波动有所缓和，但仍维持在高位。

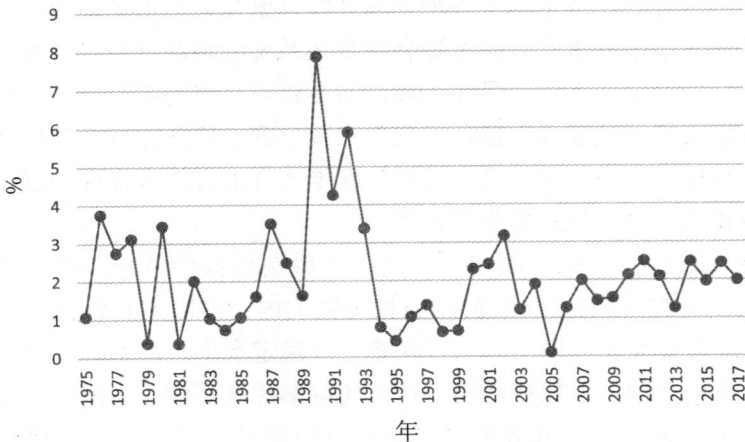

图 7.5　1997 年马来西亚金融危机前货币价值波动情况

（二）货币价值波动引发 1997 年马来西亚金融危机概况

由于泰国金融危机的不断传染扩散，东南亚各国金融系统都受到不同程度的冲击，其中包括马来西亚。但是，由于当时马来西亚的经常项目逆差和外债规模不大，金融风险最先表现在金融市场。一是汇率的大幅下跌，林吉特兑美元半年内贬值 34%。二是股市的崩盘，1997 年股票指数下跌 72.9%。面对系统性金融风险的发生，马来西亚采取的措施与泰国不同。马来西亚采取固定汇率制度和资本管制，控制外资逃离，使金融风险得到了较好的化解。

（三）货币价值波动引发 1997 年马来西亚金融危机的原因

1. 林吉特价值波动加速外资的流动

与其他东南亚金融危机国家一样，马来西亚金融危机爆发之前发生过货币价值大幅波动的情况，而货币价值波动会影响外资的流动。危机爆发前，马来西亚外资的流入形式主要是直接投资为主、证券投资为辅。这些外资与马来西亚的银行贷款形式相比更具有稳定性。因为直接投资需要购买固定资产，其流动性较差，投资周期较长。但外资的持续流入使得马来西亚经济发展对外资依赖程度不断提高，这给马来西亚带来了潜在风险。因为资本都是逐利的，外资通常要求较高的回报率。据世界银行估算，外资在发展中国家直接投资的年均回报率应超过 16%，才能弥补较高的汇率风险，实现正常利润。而马来西亚货币价值持续波动导致汇率大幅波动，使汇率风险加大，增加了外资投资回报率的不确定性，加速了外资撤离。由于马来西亚经济对外资依赖较大，一旦外资流出，便会给经济金融系统带来巨大冲击。

2. 林吉特价值波动导致经常项目逆差

货币价值的波动会影响马来西亚的进出口，出现持续的经常项目逆差。经常项目逆差意味着马来西亚国际收支不平衡，这种开放经济系统的不平衡会给本国货币贬值带来压力，具有不可持续性。即使外资的流入在一定程度上可以缩小贸易逆差，但外资的流入是有条件的，只有在有利可图的情况下才会流入。一旦外资流入不能抵消贸易逆差，经常项目逆差不断扩大，外汇储备下降，马来西亚政府干预外汇市场的能力必然减弱。因此，在马来西亚货币林吉特被高估的情况下，货币贬值成为一种趋势。这也很容易成为投机者的攻击对象，增加了系统性风险爆发的可能性。

3. 林吉特价值波动扩大了财富分配差距

在危机爆发前，马来西亚货币价值持续波动，导致财富分配差距扩大。1991—1997 年，马来西亚的基尼系数一直在 0.46 以上，1997 年达到 0.49，远超过联合国的警戒线 0.4，属于贫富悬殊较大的国家。在贫富悬殊扩大的过程中，需求不足、信用不断扩张的情况不可避免。国内需求不足，容易导致生产相对过剩，出现经济指标恶化。信用不断扩张会提高杠杆率，增加债务违约风险，同时容易推动资产价格大幅上涨，出现泡沫经济。这些都是催生马来西亚金融危机的关键因素。

总之，虽然马来西亚货币价值波动造成了资本流动、经常项目逆差以及财富分配差距扩大，增加了系统性金融风险爆发的可能性，但由于马来西亚的债务和外资流入结构相对合理，采取应对危急的措施得当，在东南亚金融危机中受到的冲击不大。

第四节　不同类型国家货币价值波动影响系统性金融风险的路径差异

在同一历史时期，世界各国的经济发展水平不同，在世界经济体系中地位也不一样。同理，经济增长速度和货币投放速度不同，货币价值变化也存在较大差异。反过来，由于货币权力在世界经济中具有资源配置作用，国际货币体系的空间差异使得不同国家的主权货币在世界经济格局中发挥的作用和地位不同。不同主权货币价值波动易导致货币权力变化，进而促使国际金融体系不均衡发展。尤其在经济全球化的今天，货币价值波动加速了金融风险在国际金融市场上的传递，也加剧了国际资本与其他资本的对抗，激化了利益分配的矛盾。这种对抗和矛盾必然导致全球经济联系更加密切，各国在实施宏观调控时既要注重国内经济发展问题，也要兼顾全球经济环境变化。但国际货币凭借其货币的强势地位，强化了对国际金融体系的管理能力，而非国际货币国家削弱了对本国金融体系的驾驭能力。这样，不同类型国家的货币价值波动加速了国际金融体系的不均衡发展，而这种不均衡发展也增加了国际金融体系的内在脆弱性。

从空间维度来看，世界经济体系中存在发达国家和发展中国家两类经济体，它们在国际货币体系中的地位不对称，经济制度安排、金融体系的脆弱性和转嫁风险的能力不同，货币价值波动引发系统性金融风险的路径也各不相同。

一、发达国家货币价值波动影响系统性金融风险的路径

在国际货币体系中，美元、欧元、英镑以及日元等主要国际结算货币几乎覆盖了全球发达经济体。也就是说，发达国家采用的货币在国际货币体系中处于核心地位，可以在世界范围内执行价值尺度、支付手段和贮藏手段等职能，如当前的美元。这样，相应主权国家就具有了独特的融资方式，因为它可以通过发行货币和国债向世界各国融资。随着这种融资方式在经济体系中所占比重的不断增大，在产业结构转换升级过程中，发达国家的经济结构不断趋向虚拟化。结果是实体经济空心化，金融服务等第三产业在经济结构中的比重越来越大，国内需求对进口的依赖度较大，国际收支不平衡，经常项目持续逆差。当出现经常项目逆差时，发达国家不会出现国际支付问题，因为它们可以通过发行货币为贸易融资，相应地使其他国家经常项目账户盈余，并带来大量外汇储备。此时，这些发展中国家为使自己储备资产保值增值，利用发达国家发达的金融市场购买各类金融资产成为首选。这就导致发达国家资本金融账户盈余，形成持续经常项目逆差、资本金融账户顺差的格局。发达国家面对这种格局，其发行货币作为国际本位币，为维持世界经济的正常运行，必须保证货币流通的充足性。在信用货币体系下，国际本位币的供给脱离了黄金实物数量的约束，缺乏应有的限制，其货币价值具有潜在的不稳定性，有大幅波动的可能。

这样的货币价值波动会加速系统性金融风险的发生。首先，发达国家在经常项目逆差的情况下，可以通过发行本国货币和国债来平衡国际收支。一方面，这样容易导致本国货币发行过多，货币贬值，购买力下降，引起国内物价的普遍持续上涨，出现通货膨胀；另一方面，通过发行债券的方式来为经常项目逆差融资，极易导致公共债务过多，一旦货币价值波动，融资方式受阻，经常项目逆差难以持续，就会出现国际收支失衡恶化。其次，发达国家实体经济与虚拟经济相背离，其国家经济安全对金融市场的繁荣稳定依赖度相当高。而货币价值的稳定性是成为国际本位币的基础，也是直接影响国家金融稳定的关键因素。但当前的国际货币体系中，发达国家货币作为国际本位币仍面临"特里芬难题"，其价值基础虚拟化，难以稳定。货币价值波动呈常态化，进而影响金融市场的稳定。由于资本的流入和国债发行都是以金融市场稳定为前提的，政府必须采取各种措施来维持金融市场的繁荣稳定。其结果是鼓励金融创新，不断推行金融自由化，以提高金融机构的竞争力，吸引国际资本的流入。这加大了不同市场的关联性和复杂性，也相应延长了金融产品交易链，增加了

系统性金融风险暴露的节点和金融系统的脆弱性。一旦这些发达国家货币价值波动，将会引起资本资产价格波动和国际资本的流动，使全球金融市场大幅波动，提高系统性金融风险发生的概率。

二、发展中国家货币价值波动影响系统性金融风险的路径

与之相对应的是发展中国家，其发行的货币不是世界性货币，在国际结算和储备中，不被普遍接受。为满足国际贸易中交易的需要以及对抗国际投机冲击的预防需求，发展中国家必须储备国际本位币资产。通常，这类国家要么以出口为导向，通过向发达国家输出产品和服务来换取外汇储备，要么通过直接投资购买发达国家的金融产品来储备国际本位币资产。同时，由于自身主权货币非国际化，且金融市场不发达，这些国家难以通过本国货币向国外进行借贷活动。在开放经济条件下，发展中国家容易出现资产和负债计价货币不一致的状况，即货币错配现象。因此，发展中国家既要合理管理外币储备资产，也要注意自身存在的货币错配问题。也就是说，发展中国家除了受本国货币价值波动的影响，还受到国际本位币货币价值波动的冲击。

首先，当发展中国家国际收支出现长期大量的对外贸易顺差，而形成巨额外汇储备时，为收购出口所得外汇，发展中国家必须增加本国货币的投放。随着外汇储备的不断增加，投放的本国货币也随之增多。这样容易造成国内货币超额供给，引发货币大幅贬值，爆发货币危机。其次，如果发展中国家采取钉住国际本位币的固定汇率制，那么当国际本位币货币价值波动时，容易造成名义汇率与实际汇率的差距扩大，为国际资本投机提供更大的空间。而对采取浮动汇率的国家来说，虽然在汇率市场可以通过本国汇率的调整来实现汇率的均衡，但在国际贸易中，国际本位币价值的波动会影响进出口商品的价格，通过价格机制向其他国家输入通货膨胀，也可通过资本市场影响资本流动，加大全球金融市场的动荡。也就是说，无论发展中国家采取固定汇率制还是浮动汇率制，国际本位币价值变动都可以给其他国家的经济带来冲击，也可以通过调整本国货币价值向其他国家转移风险。最后，发展中国家存在无法回避的货币错配的现象，一般表现为净外币负债和净外币资产两种形式，无论哪种情况都会加大金融系统的脆弱性。因为当国际本位币价值波动时，会导致存在货币错配的净值发生变化，如货币贬值促使净外币资产形式的货币错配增加，而货币升值会导致净外币负债形式的货币错配增加。通常，货币错配现象既涉及国家层面，也覆盖系统重要性金融机构以及其他企业和个人。就国家层面来说，当出现净外币负债情况时，一旦外币升值，债务负担过重，极易出现流动性不

足，引发偿债困难，造成集中挤兑现象，形成债务风险。就系统重要性金融机构来说，当其资产负债中存在大规模的货币错配时，受到货币价值波动的冲击时，会导致相关金融机构资产负债表的急剧恶化，出现流动性不足等问题，进而引发系统性金融风险，威胁国家的金融安全。就其他企业和个人来说，在货币错配情况下，受到货币价值波动的影响时所产生的风险对整个金融系统的冲击相对有限。

三、路径差异比较分析

（一）引发系统性金融风险的起点不同

无论发达国家还是发展中国家，都是由于货币价值波动引起金融系统运行失衡，进而引发系统性金融风险的，但就这两类国家而言，货币价值波动引发系统性金融风险的起点不同。就发达国家来说，货币价值波动引发系统性金融风险的起点是持续的经常项目逆差和本国经济增长乏力，导致本国货币超额发行，引起货币价值波动，进而引发系统性金融风险。就发展中国家而言，货币价值波动既有本国货币超额发行的因素，也有国际本位币的影响因素。无论本国货币价值还是国际本位币货币价值的变动，都会导致汇率的波动和国际资本的流动。通常，发展中国家经济基础相对薄弱，对外依赖度高些，尤其是对外资金需求大。当货币价值波动时，会导致国际资本的逆转，给国内实体经济和金融市场带来冲击，破坏经济的稳定性。简而言之，非国际本位币货币价值波动引发系统性金融风险的起点可能在国内，也可能来自国外。

（二）系统性金融风险的演化路径不同

发展中国家货币价值波动引发的系统性金融风险，即使在经济全球化的今天一般是区域性的，通常不会引发全球性的系统性金融风险。而发达国家不同，其发行货币在国际货币体系处于主导地位，因此国际本位币货币价值波动，不仅影响本国金融系统的稳定性，还通过溢出效应影响发展中国家的金融安全。按照明斯基的研究结论，当前系统性金融风险的演化过程主要是这几种模式：发达国家—发展中国家、发展中国家—发展中国家、发展中国家—发达国家—发展中国家。也就是说，货币价值波动引发系统性金融风险时，如果发生在发达国家，发展中国家成了泄洪区；反之，发生发展中国家，对发达国家的影响有限，即使有影响，也可以通过政策调整转嫁给其他国家。

（三）面临货币价值波动的风险不同

就发达国家而言，其发行的货币是国际本位币，可以在国际市场上自由兑换，可以通过发行货币来融资以及偿还债务，最为典型的是美元。同时，这类国家基本采用浮动汇率制，可以根据实际情况来调整汇率，减少实际汇率与均衡汇率的差异，进而降低货币价值波动带来的风险。然而，对发展中国家来说，首先很多国家为保持出口顺畅采取固定汇率制，当货币价值波动时，这种汇率制度容易遭到国际游资的投机冲击，导致金融市场的不稳定，从而引发系统性金融风险。其次，这类国家普遍存在货币错配的现象，且大部分表现为净债务形式。一旦货币价值波动，导致汇率大幅波动，此时发展中国家需要用本币兑换国际本位币，面临着较大的汇率波动风险。特别是在本币贬值的情况下，会增加以国际本位币计价的债务负担。总之，发达国家可以利用汇率制度的优势灵活调整，减少流动性冲击的可能性；也可以利用在国际货币体系中的优势进行融资，维持金融系统的均衡发展，化解货币价值波动所带来的风险。

总之，由于国际货币体系存在空间差异，不同类型国家爆发系统性金融风险的路径不同，发生系统性金融风险的频率也具有较大差异。通常，发展中国家爆发系统性金融风险的频率较高，因为发展中国家除受自身货币价值波动和金融监管制度滞后影响外，还要遭受来自发达经济体货币价值波动的冲击，却没有吸纳或转移货币价值波动影响的能力。

第八章　货币价值波动下系统性金融风险预警体系设计

系统性金融风险预警是在风险历史数据和当前金融系统内外环境分析的基础上，对系统性金融风险发生可能性进行监测。预警体系的构建通常有两个假设：一是系统性金融风险与金融风险因素之间存在较稳定的关系；二是系统性金融风险因素是可以识别和度量的。但早期的预警方法无法区分系统性金融风险的形成机制。因此，这里引入情景分析法，从情景分析入手，构建系统性金融风险的预警体系，以弥补不确定性环境下系统性金融风险预警体系的缺陷，快速、准确识别金融风险爆发前的信号，并对其干预，最大限度地规避系统性金融风险。

第一节　货币价值波动下系统性金融风险预警的情景设计

一、系统性金融风险预警系统情景设计的思路

由于金融系统的内外环境具有诸多不确定性，但在具体情景中，这些不确定性的本质规律是可以把握的，因而具有可预测性。其情景设计的思路是根据统计学原理，将不确定性分为不确定性因素和可预测事件。不确定性因素对金融系统或某一事件的发展趋势具有较大影响，但难以预测；可预测的事件对金融系统的影响是可以把握的。这里将不确定事件和可预测事件分离开来，分析可预测事件的本质规律，以期准确监测金融系统的发展趋势。

利用情景分析法开展金融风险预警体系设计时，应从情景分析的基本假设出发，分析情景分析法的基本特点。一是差异性。系统性金融风险的演化本身是复杂的，是金融系统内外相互作用的结果，要从系统的视角来分析和监测系统性金融风险形成的不同情景。二是系统性。对系统性金融风险进行监测和干预，需要考虑社会、经济等多方面的因素，要根据金融系统发展的趋势和当前面临的环境，分层次、系统性地进行描述。三是动态性。系统性金融风险的演化往往表现出复杂性和动态性，对其进行分析应把握风险因素的时变性。

二、系统性金融风险预警体系的情景类别设计

对系统性金融风险预警体系的情景设计，关键要识别情景类别，通过对

不同类别情景进行假定，在假定的基础上探讨不同条件下系统性金融风险变动情况。根据上述情景设计的思路，情景类别设计就是识别影响系统性金融风险发展趋势的驱动因素。从货币价值波动影响系统性金融风险的演化过程来看，可从独立运行、市场冲击、政策调整三种情景类别来设计系统性金融风险的预警体系。

独立运行情景是把金融系统当作独立运行的系统，对其风险因素进行独立监管，渗透到金融机构的所有业务流程、部门和岗位。这种独立运行情景设计包括历史情景法、假设情景法、考虑风险因子情景法和情景模拟法四种设计方法。所谓历史情景法，是基于历史数据的统计分析，梳理经济形势最好或者最差的极端条件下的情景，计算两种极端条件下系统性金融风险水平。假设情景法是基于情景设定者的主观经验来判断的一种主观情景设定法。考虑风险因子的情景法是计算风险因子的历史数据的相关性，并得到风险因子的相关系数矩阵，当某个重要因子突变时，会影响其他风险因子。情景模拟法是假设某个风险因子的分布特征，然后设定风险损失门槛，监测超过风险损失门槛的风险因子。

市场冲击情景主要考虑的是外部市场对金融系统的冲击，一般需要结合分析当前宏观经济环境，对短期内的金融风险水平监测指标有比较好的预测作用。但该方法具有一定的主观性，部分限定性条件与现实存在偏差，其应用范围受到限制。

政策调整情景是考虑政策变动对系统性金融风险的冲击。无论货币政策、财政政策还是金融监管政策的调整，都会增加系统性金融风险变动的不确定性。尤其是金融监管政策调整容易产生金融顺周期性，造成金融系统的不稳定性，而系统性金融风险的增加又会加剧金融顺周期性。

不同情景下系统性金融风险预警设计流程如图 8.1 所示：

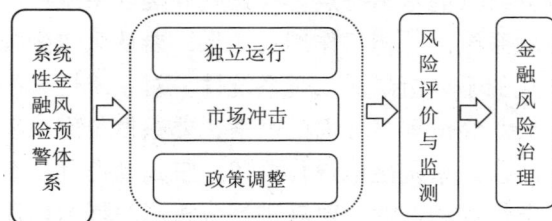

图 8.1　系统性金融风险预警情景设计流程图

总之，不同情景类别的系统性金融风险预警设计具有差异，在实际应用过程中要进行差异化选择。这些方法可以单独使用，也可组合使用。而构建货币价值波动下系统性金融风险的预警体系，是为了防止系统性金融风险事件的突然爆发，对系统性金融风险进行提前治理。该预警体系可以通过搜集、存储、分析、处理风险因素的相关信息，并对其评估，准确、及时地产生预警信号，以降低系统性金融风险爆发的可能性。

第二节　货币价值波动下系统性金融风险评价

要建立系统性金融风险预警体系，必须对风险水平进行评价。风险评价的前提是构建风险状态指标体系，进而构建系统性金融风险评价体系，以便更好地对金融风险水平进行评价与测度。

一、系统性金融风险评价指标体系的结构分析

货币价值波动对系统性金融风险的影响机制既有内部机制又有外部机制，因而应从内部和外部两个视角来选取金融风险评价指标。首先，货币价值波动会影响银行信贷规模和流动性，而房地产作为对银行依赖度较高的行业，其健康发展离不开银行的信贷。一旦市场流动性不足，房地产业将面临资金链断裂的风险，而这是系统性金融风险爆发的重要领域。因此，银行业和房地产应被纳入系统性金融风险评价体系。其次，货币价值波动也会影响证券市场。证券市场尤其是股票市场的大起大落，容易引发市场崩盘，因而证券市场所面临的金融压力也应该受到重视。此外，在经济全球化的背景下，世界各国经济活动交流频繁，经济和金融对外依赖性较强，其中货币价值波动直接影响外汇储备规模和汇率变动。由于外汇储备和汇率是维持金融系统平衡的重要工具，所以外汇市场也是系统性金融风险评价体系中必不可少的。

因此，为了及时掌握系统性金融风险的水平，全面地反映系统性金融风险的现实情况，笔者借助现有文献研究成果，从银行市场、房地产市场、证券市场（股票）和外汇市场四个方面来考察，由此形成了货币价值波动下系统性金融风险评价体系的结构图（图8.2）。

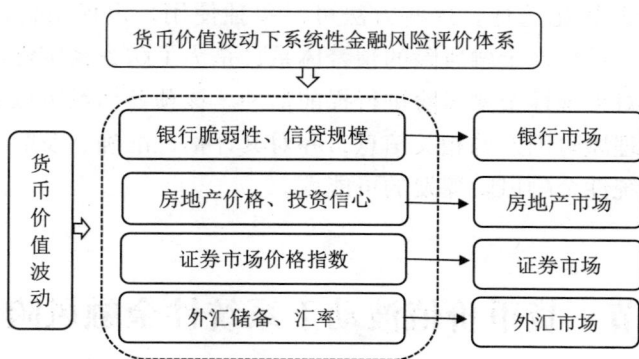

图 8.2　系统性金融风险评价体系结构图

二、货币价值波动下系统性金融风险评价指标体系选择

根据上述系统性金融风险评价体系结构，将货币价值波动作为系统性金融风险预警的先行指标，作为系统性金融风险爆发前兆的度量，从银行市场、房地产市场、证券市场和外汇市场构建评价指标体系，以测度当前金融风险状态，具体指标体系如表 8.1。

表8.1　货币价值波动下系统性金融风险评价指标体系

指标类型		变量名称	计算方法
先行指标		货币价值波动率	见第二章货币价值波动度量
评价指标	银行市场	存贷比	商业银行贷款总额 / 存款总额
		不良贷款率	不良贷款 / 贷款总额
	银行市场	财政赤字 /GDP	（财政支出 – 财政收入）/GDP
		M_1/M_2	M_1/M_2
		短期贷款增速	（本期短期贷款 – 上期短期贷款）/ 上期短期贷款
		实际利率	一年期存款利率 – 通货膨胀率

指标类型		变量名称	计算方法
评价指标	房地产市场	房地产指数变化率	房地产景气指数变化率
		商品房售价指数	商品销售额 / 销售面积
		房地产投资增长率	（本期房地产投资 － 上期房地产投资）/ 上期房地产投资
	证券市场	股票市盈率	A 股市场静态平均市盈率
		股票总市值 /GDP	A 股上证 + 深证总市值 /GDP
	外汇市场	实际汇率指数	名义汇率 － 通货膨胀率
		外汇储备增长率	（本期外汇储备 － 上期外汇储备）/ 上期外汇储备
		国内外利差	两国一年期利率差

三、货币价值波动下系统性金融风险评价思路

即使金融系统处于金融安全状态，金融风险因素仍在不断积累。货币价值波动是一种常态，其异常波动是系统性金融风险发生的先兆。因此，应先对货币价值波动这一先行指标进行跟踪监测，当货币价值波动在异常状态，应及时对系统性金融风险水平进行评价，对金融系统运行安全与否进行判断，以期按照一定的标准即金融风险综合指数，对评价对象进行综合判断，识别现阶段金融系统运行状态是否异常，为防范和化解系统性金融风险提供科学决策依据。其基本思路如下：

第一，判断先行指标是否异常。

第二，确定评价对象。从四个市场评价系统性金融风险水平。

第三，建立指标体系。根据评价对象，分别从四个市场选取代表该系统性金融风险状态的指标，并按照综合评价的原则，构建系统性金融风险的评价指标体系。

第四，确定权重系数。就系统性金融风险状态来说，各市场的重要性不完全一样，同一市场中各评价指标之间的相对重要性也不一样，这种差异可用权重系数来衡量。

第五，建立评价模型。通过有效的统计方法将多个评价指标"合成"一个能够反映整体状况的综合指数。

第三节　不同情景下系统性金融风险预警体系构建

金融系统自身对风险承载能力随情景的不同呈现出差异性，不同情景下系统性金融风险发生的概率并不一致。基于货币价值波动对系统性金融风险的影响机制，讨论在独立运行、市场冲击和政策调整情景下系统性金融风险的预警体系，探索系统性金融风险在不同情景下的状态，有利于避免传统预警模型所带来的预测结果的片面性，提高系统性金融风险监测的可靠性。

一、独立运行情景下系统性金融风险预警体系设计

基于系统性金融风险的自身特点，以及货币价值波动对其影响机理，探讨金融系统作为独立运行系统，在惯性作用下的运行趋势，以此识别经济常态下系统性金融风险水平。而要研究独立运行情景下系统性金融风险发生的可能性，必须把握系统性金融风险的演化路径和本质规律。因此，在独立运行情景下对系统性金融风险预警模型进行设计。

目前，理论界对银行市场、房地产市场、证券市场和外汇市场对系统性金融风险的贡献度缺乏共识，因而从内部结构视角来构建系统性金融风险预警模型缺乏一定的理论支撑。于是，这里选择采用非结构化方法来设计系统性金融风险的预警模型。

由于系统性金融风险是金融系统各个构成要素受到金融压力冲击的结果，系统性金融风险与各市场构成要素是一个非结构系统，所以这里引入结构向量自回归方法（SVAR）来分析独立情景下系统性金融风险。首先，由于系统性金融风险是动态演化的，当前风险状态与过去风险水平有关，因此把系统性金融风险的滞后项作为内生解释变量。其次，系统性金融风险受各个市场构成要素的冲击，于是将各市场风险指数作为结果变量；受金融系统整体风险水平的影响，各市场风险指数之间也是相互影响的，于是将各市场风险和系统性金融风险作为向量形式的变量。对 SVAR 模型下的脉冲响应函数进行冲击训练，以便挖掘系统性金融风险与各市场风险的相互关联的信息。

因此，利用 SVAR 模型对系统性金融风险进行预警，其模型形式包含系统性金融风险指数（yl）、银行市场风险指数（yh）、房地产市场风险指数（fc）、证券市场风险指数（gp）和外汇市场风险指数（wh）5 个内部结构的向量变量，并引入 P 阶滞后项，由此构建独立运行情景下的系统性金融风险预

警模型形式如下：

$$yl_t = \sum_{i=0}^{p} \alpha_{1i} yh_{t-i} + \sum_{i=0}^{p} \beta_{1i} fc_{t-i} + \sum_{i=0}^{p} \phi_{1i} gp_{t-i} + \sum_{i=0}^{p} \varphi_{1i} wh_{t-i} + \varepsilon_t$$

$$yh_t = \sum_{i=0}^{p} \alpha_{2i} yl_{t-i} + \sum_{i=0}^{p} \beta_{2i} fc_{t-i} + \sum_{i=0}^{p} \phi_{2i} gp_{t-i} + \sum_{i=0}^{p} \varphi_{2i} wh_{t-i} + \gamma_t$$

$$fc_t = \sum_{i=0}^{p} \alpha_{3i} yl_{t-i} + \sum_{i=0}^{p} \beta_{3i} yh_{t-i} + \sum_{i=0}^{p} \phi_{3i} gp_{t-i} + \sum_{i=0}^{p} \varphi_{3i} wh_{t-i} + \mu_t \qquad (8.1)$$

$$gp_t = \sum_{i=0}^{p} \alpha_{4i} yl_{t-i} + \sum_{i=0}^{p} \beta_{4i} yh_{t-i} + \sum_{i=0}^{p} \phi_{4i} fc_{t-i} + \sum_{i=0}^{p} \varphi_{4i} wh_{t-i} + \nu_t$$

$$wh_t = \sum_{i=0}^{p} \alpha_{5i} yl_{t-i} + \sum_{i=0}^{p} \beta_{5i} yh_{t-i} + \sum_{i=0}^{p} \phi_{5i} fc_{t-i} + \sum_{i=0}^{p} \varphi_{5i} gp_{t-i} + \xi_t$$

式（8.1）中 p 为变量的之后阶数， α、β、ϕ 和 φ 为相应变量的待估参数，ε_t、γ_t、μ_t、ν_t 和 ξ_t 为随机扰动项。

二、市场冲击情景下系统性金融风险预警体系设计

通常，金融系统在非均衡状态下运行，伴随着期限错配、信贷扩张、信息不对称等问题，金融市场不确定性因素对金融系统产生冲击。现实中系统性金融风险受到不同市场的冲击效应，既有单一市场的冲击，如直接融资市场、间接融资市场或外汇市场对金融系统造成的单一影响，也有多个市场对金融系统造成的交互影响，这些都加剧了系统性金融风险的形成。也就是说，市场冲击不仅带来单一市场的影响，还会存在交互冲击效应。因此，考察市场冲击情景下系统性金融风险预警模型时，将引入不同市场的交互项，以更加准确地监测系统性金融风险水平。

根据上述分析，考察基准多元回归模型：

$$yl = \beta_0 + \beta_1 drz + \beta_2 jrz + \beta_3 whI + \mu \qquad (8.2)$$

其中，yl 为被解释变量系统性金融风险指数，drz、jrz 和 whI 分别为解释变量直接融资冲击、间接融资冲击和外汇市场冲击，μ 为随机扰动项。

考虑到三个被解释变量具有两两交互作用和三者交互作用，根据基准回归模型（8.2），加入 $drz \times jrz$、$drz \times whI$、$jrz \times whI$、$drz \times jrz \times whI$ 四个交互项，得到模型（8.3）：

$$yl = \beta_0 + \beta_1 drz + \beta_2 jrz + \beta_3 whI + \beta_4 drz \times jrz + \beta_5 drz \times whI + \beta_6 jrz \times whI$$
$$+ \beta_7 drz \times jrz \times whI + \mu \qquad (8.3)$$

对上述模型（8.3）通过参数估计，得到各参数的估计值，从而分析 *drz*、*jrz* 和 *whI* 在不同市场冲击下对系统性金融风险的偏效应。

三、政策调整情景下系统性金融风险预警体系设计

系统性金融风险的产生与政策的调整密不可分，尤其是宏观经济政策的调整。无论经济衰退期还是繁荣期，伴随着政策调整，系统性金融风险孕育而生。从事实经验来看，系统性金融风险对政策调整的敏感度较高，表现在监管的顺周期与金融风险的敏感度具有同向变动关系，政策调整的滞后性也会提高金融风险的敏感度。因此，从政策调控视角来探讨系统性金融风险预警体系的设计，有助于及时对系统性金融风险进行预警。

基于宏观经济环境做出的政策调整会引起经济周期性波动。在政策调整情景下构建系统性金融风险预警体系时，要了解金融系统的实时状态，即政策调整促使系统性金融风险生成的效应。

传统预警模型中涉及的变量是可观测的，以经济变动的历史数据为基础来进行估计参数，实现对未来金融风险水平的预测。而分析政策调整影响系统性金融风险的演化进程中，存在某些状态向量是不可观测的，而这些不可观测的变量反映了系统性金融风险演化过程中的真实状态。因此，可以用 UC 模型来刻画政策调整情境下系统性金融风险的演变。UC 模型的基本原理是利用可观测变量和系统内部状态之间关系来估计各种不同状态向量的状态空间模型来求解，以达到分析和观测的目的。状态空间模型由测量方程和状态方程构成，模型中可观测变量为系统性金融风险（*yl*）和政策调整（*zct*），于是其测量方程为

$$yl_t = \lambda_0 + \lambda_1 zct_t + \mu_t \qquad (8.4)$$

式（8.4）中，λ_t 为变参数，反映政策调整（*zct*）对系统性金融风险（*yl*）的影响随着时间推移而发生变化；λ_0 为截距项，是对系统性金融风险具有稳定影响的参数；μ_t 为干扰项。同时，假设 λ_t 可由一阶自回归（AR）模型描绘为如下状态方程：

$$\lambda_t = \phi \lambda_{t-1} + \varepsilon_t \qquad (8.5)$$

其中，λ_t 为变参数，式（8.4）与式（8.5）中的随机干扰项 μ_t，ε_t 服从均值为零，方差为 δ^2 的正态分布，但不一定相互独立。从状态方程可以看出，t 期的状态是由 $t-1$ 状态转移而来，表示当前状态是怎样产生的，与随机过程中的状态转移矩阵相类似。状态空间模型表示的是状态向量之间的转移关系。

　　因此，利用状态空间模型可以准确刻画政策调控情景下系统性金融风险的生成过程。通常利用卡尔曼（Kalman）滤波进行参数估计，这种估计方法可以提高状态空间模型的精准度。

第九章　货币价值波动下系统性金融风险治理体系构建

第一节　系统性金融风险治理的原则与国际经验

货币价值持续异常波动是系统性金融风险发生的先行指标。通过探讨货币价值波动影响系统性金融风险的金融资产价格和财富集中机制，可为完善系统性金融风险治理体系提供理论依据。通过分析不同类型的国家货币价值波动会影响系统性金融风险的路径差异，为从国家层面阻断系统性金融风险的传导路径提供新的思路。

为完善系统性金融风险的治理体系，金融稳定理事会、国际货币基金组织、巴塞尔银行监管委员会等国际组织针对系统性金融风险的监管，相继提出了一系列的金融监管改革方案，以维持全球金融体系的健康稳定发展。但系统性金融风险事件持续发生，对当前世界各国系统性金融风险监管体系提出了挑战。因此，完善系统性金融风险治理体系是势在必行的。

一、系统性金融风险治理的基本原则

完善系统性金融风险的治理体系是各国金融监管当局迫切需要解决的重大问题。由于系统性金融风险具有普遍性、内生性、传染性和破坏性等特性，对其有效监管难度很大。要实现事前预防、事中化解、事后处置的目标，在构建金融风险治理体系时明确其基本原则，并将其作为完善系统性金融风险治理体系的指导思想。

（一）系统性原则

在引发系统性金融风险的诸多因素中，各因素之间相互联系、相互影响，而不是相互独立的。完善系统性金融风险的治理体系，除注重风险治理的针对性外，还应以系统的思维来构建系统性金融风险的治理体系。首先，要以系统性思维统筹系统性金融监管的对象和监管的内容。由于金融系统是开放经济系统中的复杂系统，系统的各个组成部分彼此关联，任何组成部分出现问题，都会影响整个金融系统的稳定性，因此要将整个金融体系及其相关联的外部系统纳入监管范畴。同时，系统性金融风险有不同的表现形式，其风险具有传染性。所以，既要重点关注银行危机、债务危机以及货币危机等主要表现形式，也不可忽略其他类型的风险。其次，要加强国际合作，构建联合监管体系。在经济全球化的今天，世界各国金融系统的联系更加紧密。仅强化国内系统性金融风险治理是难以破解系统性金融风险的监管困局的。必须加强国际合作，实施跨国跨市场联合监管，才能更好地构建防火墙，阻断系统性金融风险国家之间和市场之间的传染路径，守住不发生系统性金融风险的底线。而加强国际合作，实施联合监管的基础是实现信息共享。目前，世界各国经济运行环境不同，相关经济金融制度也存在差异，阻碍了信息共享机制的实施。为此，要在全球范围内将系统性金融风险监管的内容和技术标准化，由国际金融组织牵头制定相关准则和标准，加强监管合作，减少金融监管空白，以有效实现联合监管，提高对系统性金融风险的治理水平。

（二）强制性与鼓励性相结合原则

目前，金融风险治理过程中的制度安排往往可以分为强制性和鼓励性两类。强制性的制度安排容易产生抵触心理，造成监管对象有意逃避监管。一旦这种强制性制度执行过严，会影响金融交易效率，妨碍金融创新。如果这种制度安排较宽松，那么就会出现监管漏洞，降低系统性金融风险治理的有效性。因此，为弥补强制性措施的缺陷，需要制定一些鼓励性措施，强化自律约束，以提高防范和化解系统性金融风险的有效性。况且市场参与者的部分信息由于保密的要求，难以实现信息共享，监管者与被监管者之间存在信息不对称问题。这增加了监管层掌握相关信息的难度。而相对于监管层，被监管者更了解自己的情况，对系统性金融风险反应更敏感。因此，需要从制度层面激发被监管者参与防范和化解系统性金融风险的主动性，鼓励监管对象自律，创立自我监管模式。也就是说，在完善系统性金融风险治理体系时，既要将外部强制性制度引入金融风险治理框架体系，也要融入鼓励性制度，着力构建监管与被监管的协调合作关系。

（三）监管效率优先原则

完善金融风险治理体系的目的是提高金融监管效率，维护金融安全。一直以来，金融监管效率与成本是一对矛盾体。就监管层来说，在监管过程中，必须考虑监管成本与监管效率的关系，以尽可能低的监管成本来实现高的监管效率。这就要求监管层在监管决策、制度设计、监管执行等环节按照效率优先、节约成本的原则实施。比如，当前许多国家为应对系统性金融风险的困局，成立金融稳定安全局，负责整个国家的金融风险监管任务，以避免多头管理，精简监管环节，提高监管效率。也就是说，系统性金融风险的监管要准确把握效率优先原则，不能过分抑制金融创新能力，阻止金融市场功能的发挥，降低金融市场资源配置的效率。

（四）改革与创新原则

改革创新是金融风险治理体系保持活力和生机的源泉。面对系统性金融风险，做到事前防范、事后控制，提高系统性金融风险的防治能力，是完善系统性金融风险治理体系的目的。现实中由于系统性金融风险具有很强的时代性，风险监管体系缺乏预见性，导致监管滞后。因此，在完善系统性金融风险治理体系时，没有现成照搬的模式，要体现时效性和预见性。这就要求结合国情，具体分析当前国内经济环境发展的趋势，全面了解系统性金融风险发生的前奏，及时识别系统性金融风险因素，与时俱进，在实践中积极创新，参照国际惯例，大胆改革创新金融监管体系，以机制创新推动系统性金融风险治理工作，从而更好地把握系统性金融风险的规律性，不断超越自我，形成一套完善的适合国情的系统性金融风险治理体系。

二、系统性金融风险治理的国际经验

目前，系统性金融风险爆发的重灾区集中在部分发达国家和新兴经济体。由于这些经济体在政治、经济等方面的制度安排不同，各国都基于自身实际情况构建了不同的系统性金融风险治理体系。为提高系统性金融风险治理的有效性，世界各国在系统性金融风险治理过程中，不断加强国际合作。这就要求国际组织对各国系统性金融风险治理进行协调和监督，对系统性金融风险治理的国际经验进行梳理。

（一）国际组织加强系统性金融风险治理的建议

系统性金融风险的频繁发生，暴露了当前各国系统性金融风险治理体系的缺陷。为守住不发生系统性金融风险的底线，维护世界金融稳定。一些国际金融组织出台了一系列的监管措施，制定了监管标准，如金融稳定理事会、巴塞尔银行监管委员会等国际组织就银行资本金、系统重要性金融机构识别、信用评级以及风险预警等方面提出了建议。

一是加强资本监管，提高风险防范能力。资本充足是金融安全的保证，也是衡量金融机构对待风险态度和抗风险能力的标准。但当前资本监管制度具有顺周期性，存在负面效应。为解决资本监管的缺陷，巴塞尔银行委员会针对全球银行提出了新的监管标准，即"巴塞尔协议3"，大幅提高了一级资本和普通股资本的充足率，引入了资本留存缓冲，以应对随机事件的冲击，同时要求银行资本实施逆周期缓冲。

二是建立流动性风险评估和监管标准。历史证明，流动性冲击是影响金融系统稳定的关键因素之一，许多系统性金融风险事件都与流动不足或过剩有关。防范和化解此类风险需要从强化流动性的监管入手。首先，建立统一的风险评估量化标准。就金融机构短期流动水平用流动性覆盖比率来衡量，就中长期流动性水平用净稳定融资满足率来衡量。其次，构建全方位的流动性监测体系，利用融资集中度和期限错配等工具，为监管机构提供精准信息，进一步加强金融机构表内和表外流动性的监管。

三是强化系统重要性金融机构的监管。根据金融机构与金融体系的关联性以及对其影响程度来识别系统重要性金融机构。系统重要性金融机构在金融系统性中处于核心地位，其倒闭破产会直接导致金融系统的不稳定，也会加速金融风险的传染。因此，为强化对系统重要性金融机构的监管，在构建系统性金融风险监管框架时，应将系统重要性金融机构列为重点监管对象，围绕这些机构来建立相应的预防和处置制度。

除此之外，国际组织还就会计准则同步以及完善系统性金融风险治理方法等方面提出了建议。

（二）美国系统性金融风险治理体系的变革

自从美元取代英镑成为国际本位币后，美国成为系统性金融风险的主要发源地，而这也使美国系统性金融风险治理体系面临严峻挑战。在每次系统性金融风险发生后，美国监管当局不断反思，总结经验教训，对系统性金融风险治理体系进行变革，逐步完善，其系统性金融风险治理理念和措施值得其他国家借鉴。尤其是受次贷危机的冲击后，美国监管当局对系统性金融风险治理体系启动了一系列的改革。

一是专门成立金融稳定监管委员会，明确其主要职责是识别系统重要性金融机构，将系统重要性非银行金融机构纳入监管范围。这里的非银行金融机构主要是指资产超过500亿美元的银行控股公司以及营业收入85%以上来自金融业务的公司，并对相关公司在资本充足率、流动性等方面进行严格监管，负责跟踪国内外经济发展动态，探究金融风险监管的空白处，不断调整完善金融风险监管体系，构筑金融安全防线。

二是明确美联储具体负责系统性金融风险监管。针对潜在风险实施审慎监管标准，定期进行金融压力测试，以便准确识别系统性金融风险。针对系统重要性金融机构也制定了严格的监管标准，美联储在杠杆率、风险集中度、流动性以及内部管理等方面都提出了更高的要求，以提高系统性金融风险治理的有效性。

随着美国系统性金融风险治理体系的变革，相关监管的法律法规越来越严格，标准要求更高，有利于美国金融稳定，促使金融业的长期健康发展。但系统性金融风险治理体系总是滞后于经济环境的变化，存在许多不确定性，系统性金融风险治理的有效性也有待时间的检验。同时，系统性金融风险治理体系严格可能会提高金融行业的运营成本，阻碍金融创新，降低金融市场的效率。因此，美国金融风险治理体系的改革也受到业界的质疑。这就要求金融风险治理改革过程中要正确处理好金融安全与效率的关系。

（三）欧盟系统性金融风险治理体系的变革

次贷危机爆发后，欧盟委员会提出了新的金融监管框架，并颁布了《欧盟金融监管》草案。该草案就审慎监管、资本流动性、系统重要性金融机构以及金融衍生品市场监管提出一些创造性的构想。就审慎监管方面，欧盟构建了宏观审慎监管体系，由欧洲央行、各成员国央行以及相关职能部门共同组建欧洲系统性金融风险委员会，主要负责评估欧盟金融系统安全。欧盟系统性金融风险委员会对识别的系统性金融风险可以进行早期预警，并采取相应的补救措施，被预警成员国需根据委员会的建议落实。此外，欧盟还构建了微观审慎监管体系，由银行监管局、证券市场监管局以及保险和养老金监管局三个机构组成。就资本流动性监管方面，欧盟修改了资本要求指令，以改善金融机构的顺周期性，降低杠杆率，强化资本监管，提高资本质量。在解决系统重要性金融机构的道德风险方面，欧盟实施风险预警机制，欧洲系统性金融风险委员会要求定期对系统重要性金融机构进行金融压力测试，做到早发现，早处理，防止"大而不倒"的风险不断累积。在金融风险治理变革过程中也不断扩大监管范围，填补监管真空，将金融衍生品市场纳入监管范围，不断完善金融衍生品交易的法律法规，提高相关金融产品交易的透明度。

（四）经验启示

每次系统性金融风险的爆发都会促使系统性金融风险治理体系的变革。但这种变革并没有破解系统性金融风险的监管困局。尤其美国次贷危机后，各国监管当局高度关注系统性金融风险的防范，结合本国实际情况对现有金融风险治理体系进行了大幅变革，不断扩大监管范围，整合监管资源，将宏观审慎监管和微观审慎监管有机结合。这些变革力图弥补系统性金融风险治理的不足，强化金融监管的协调性，构建逆周期监管体系，完善系统性金融风险的预警和处置机制，以提高应对系统性金融风险的能力，这对当前世界各国完善系统性金融风险监管体系具有启示作用。

1. 高度重视，形成共识

次贷危机发生后，各国监管当局再次审视系统性金融的监管，并形成共识。一是认为必须用系统性思维构建系统性金融风险的治理体系。在复杂的金融系统中，如果没有对监管对象和监管内容的全覆盖，容易出现系统性金融风险监管漏洞。由于系统性金融风险的传染性，任何监管的空白都可能引发系统性金融风险。二是构建宏观审慎和微观审慎监管协调机制。之前比较重视微观审慎监管，忽视宏观审慎监管，割裂了单个金融机构之间、金融机构与金融市场之间的关联性，削弱了对系统性金融风险监测和控制的能力。三是加强国际合作，强化联合监管。目前，世界各国监管当局都将系统性金融风险纳入金融监管框架内，制定了更加具体的系统性金融风险监管标准和准则，并形成了国际共识。这为加强国际合作，实施联合监管提供了可能性，有利于规避系统性金融风险治理标准不一致带来的套利空间。

2. 扩大监管范围，提高监管强度

《巴塞尔协议Ⅲ》明确了宏观审慎和微观审慎有机结合的监管模式，大幅提高银行资本监管要求，建立全球统一流动性监管标准。这也要求各国金融监管当局不断扩大监管范围，全面提升监管强度。近年来，世界各国以资本和流动性监管为核心进行金融监管变革，以全面提升监管标准，强化对系统重要性金融机构的监管。在资本监管方面，对资本构成和质量提出了更高的要求，不仅将核心一级资本、一级资本和总资本比例提高，将银行普通股占风险加权资产的比例提高，还针对流动性较大的证券化资产，提高了资本监管要求。在流动性监管方面，完善流动性风险指标，构建了流动性风险管理框架，重点关注单个银行在短期金融压力下应对流动性短缺的能力。针对资本充足率不足的问题，明确将杠杆率纳入第一支柱，确定其最低标准。总之，监管范围扩大，监管标准提升，对银行系统，乃至整个金融系统的稳定性产生了深远的影响。

3. 强化央行的地位和作用

20世纪80年代后期，许多国家成立统一的金融监管机构，把金融风险监管职能从央行中分离出来，构建专业化监管体制，将货币政策和金融监管职能分离，避免冲突。历史事实表明，将央行脱离金融监管体系，缺乏权威机构对系统性金融风险的监测，难以弥补微观审慎监管的缺陷，弱化了对系统性金融风险监测的能力。为此，美国明确了美联储对系统性金融风险的监管职责，欧盟也规定了欧洲央行负责系统性金融风险委员会的运行，并协助金融监管当局制定实施维护金融稳定措施，英国也确定了英格兰银行承担宏观和微观审慎监管的职能。可以说，强化央行在系统性金融风险监管的地位和作用，已成为当前金融监管必然趋势。这是因为央行自身具有宏观审慎监管的优势。央行作为国家宏观调控的主要职能机构，具有专业宏观经济管理背景，负债货币政策的制定和执行，有利于从整体把握金融风险，以保证宏观审慎监管的全面性和完整性，有利于跨区域、跨市场金融风险的识别，也有利于不同层面上金融风险监管的统一领导，提高相关政策措施的执行力。同时，通过央行与国际经济组织的合作，可以从国际视角开展系统系统性金融风险预防，避免国际监管空白。

4. 提高风险治理的协调性

为提高防范和化解系统性金融风险的能力，维护金融安全，必须切实提高系统性金融风险识别、预警和处置水平。这就要求监管权力集中，实现信息共享，监管机构协调配合。为此，许多金融风险监管协调机构应运而生，如美国成立金融监督稳定委员会，我国也组建了金融稳定局。从世界范围来看，要维护全球金融稳定，各国金融监管机构既要对国内系统性金融风险进行严格监测，防止系统性金融风险的生成，也应积极参与全球系统性金融风险的治理过程，以构筑国家之间的防火墙，阻断系统性金融风险在全球范围内的传导路径。因此，监管机构之间必须建立信息共享机制，完善监管协调机制，以提高监管当局对系统性金融风险识别、评估的准确性，提高监管措施的针对性和有效性，促进联合监管的顺利实施。

第二节　货币价值波动下系统性金融风险治理的工具优化

在构建货币价值波动下系统性金融风险治理体系中，需要运用相应的工具来实现预定金融风险治理的制度安排。其中，宏观审慎监管工具受到当前管理层的普遍关注。因为宏观审慎监管是在微观审慎监管的基础上，将金融基础设施、金融机构、金融市场和宏观经济系统纳入监管范畴，并将彼此间的关联作为监测对象，以消除金融周期影响，维持金融体系的稳健性。

一、宏观审慎监管工具优化概述

目前，管理层运用的审慎监管工具主要有信贷门槛标准、资本监管、杠杆率、拨备等。与微观审慎监管相比，宏观审慎监管工具设计使用的目标不同。

（一）宏观审慎工具的目标

在系统性金融风险治理中，宏观审慎工具运用的目标如下：一是化解潜在的金融风险因素，防止系统性金融风险累积；二是降低金融系统的脆弱性，在空间层面分散风险，避免系统性金融风险过度集中。

（二）宏观审慎工具设计的国际要求

2008年次贷危机的爆发促使管理层重新审视系统性金融风险的治理。针对系统性金融风险治理体系，不断完善，形成共识，颁布了《巴塞尔协议Ⅲ》。该协议就系统性金融风险治理提出了五个方面的要求：①优质资本要求更多。将资本从普通权益资本、核心一级资本、一级资本分别提出最低标准要求，增加了两项缓冲资本，对重点监管对象追加资本计提。②风险管理范围扩大。加强抵押品管理；减少高信用等级场外交易；增加对金融衍生品、回购及卖空等市场交易的约束。③降低杠杆率。杠杆率的计算要从一级资本开始，除现金外的表内外风险敞口全部纳入核算范围，通过去杠杆化，防范高杠杆比率带来的系统性金融风险。④降低金融周期效应。灵活运用逆周期调节手段，针对周期效应，要求系统重要性金融机构设立资本缓冲，以应对经济衰退时出现的不利状况。当资本缓冲不足，其福利、股息、红利发放将受到限制。⑤增加流动性监管指标。引入流动性覆盖比率，金融机构维持足够流动性，以应对在紧急性短期压力场景下出现的现金净流出；设立稳定资金净值比率，促使银行具有长期的稳定资金来源。

（三）宏观审慎工具设计的关键要素

就防范和化解系统性金融风险而言，宏观审慎工具是在微观审慎监管工具的基础上，通过校准而来的。两者的目标任务不同，对系统性金融风险的影响机制也有差异。根据当前各国系统性金融风险治理经验，一致认为要加强宏观审慎监管，且宏观审慎监管工具设计应重点关注其监管目标和主要涉及的元素，具体如表9.1所示。

表9.1　宏观审慎监管工具设计关键要素

监管目标		
纠正金融周期		增强金融体系的稳健性
实现目标的方法	根据金融周期，逆周期调节	考虑系统性金融风险，重新校准微观审慎工具
政策工具选择	面向整个金融市场实施的宏观层面工具	微观和宏观层面工具都可使用
政策使用频率	根据金融周期长短、波动情况评估，决定政策调整频率	根据金融系统结构变化和外部经济环境变化适时调整

涉及金融系统元素					
	系统重要性金融机构		金融基础设施	投资者	证券市场
	资产负债表	融资合约			
金融系统脆弱性					
杠杆	资本充足率	贷款价值比			保证金/担保减扣率限制
	贷款规模	收入负债比			
	拨备	期限管理			
	风险权重				
流动性	流动性/准备金	定价规则	交易平台	准备金要求	央行资产负债表
	货币错配限制				
	外汇融资限制				
	外汇敞口头寸限制				
关联性	集中度				
	额外系统资本				

（四）宏观审慎监管工具设计面临的问题

宏观审慎监管工具与宏观经济政策工具不同是学术界和管理层的共识。系统性金融风险频繁爆发也使管理层意识到，仅运用宏观和微观审慎监管工具不足以有效防范和化解系统性金融风险。在运用宏观审慎监管工具时，应考虑宏观经济政策的叠加和对冲效应，避免金融系统大幅波动。在货币政策方面，考虑货币价值波动（价格稳定）、流动性过剩或不足、金融系统失衡，减少系统性货币错配；在财政政策方面，着重关注总需求管理和经济繁荣时构建财政缓冲机制。

（五）宏观审慎监管工具分类

在系统性金融风险管理实践中，宏观审慎监管工具设计的重点是资本类工具，如表 9.2 所示。

表9.2 宏观审慎监管工具分类表

宏观审慎监管工具		工具说明
系统性金融风险测度	系统重要性金融机构（如银行）	根据宏观环境校准风险度量水平
	监管机构	金融机构评级；构建系统性金融风险评价体系
财务报告	会计准则	动态拨备；运用亲周期较轻的会计准则；
	审慎过滤器	准备金动态调整；审慎性储备作为资本附加；财务数据作为审慎校准调整基础
	披露	对各类金融风险适时披露
资本监管		减少资本监管要求；系统性资本附加费；设置更高的风险权重
融资流动性标准		融资流动性限制；外汇准备金限制；货币错配限制
担保制度		调整贷款价值比率；保证金；等等
风险集中限制		风险暴露数量限制
保险制度		有条件的资本注入；对系统性金融风险预留保险计划；存款保险

二、宏观审慎监管工具优化选择

（一）资本缓冲

由于经济周期与银行资本充足率同方向变化，一般最低资本要求会影响经济周期内的波动幅度，亲周期效应显著。因此，选择逆周期资本缓冲工具，即要求银行在经济扩张期计提超额资本，应对经济衰退时的损失，避免流动性短缺。在宏观审慎监管中，为减少亲周期效应，可以按照以下思路来设计资本缓冲工具。一是逆周期调节最低资本要求，在经济繁荣期提升，衰退期降低。二是在最低资本要求上，根据经济周期变动增加或减少资本缓冲，来实现逆周期调节。在实践中，实施逆周期资本缓冲工具的关键是选择某一条件变量的阈值作为确定增加和释放资本缓冲的条件，或者根据当前宏观经济环境，在满足资本监管的前提下确定调整系数，可以作为反映宏观经济状况的逆周期乘数。这样优化的监管工具可以提高逆周期资本缓冲的有效性，减少监管当局相机抉择的难度。

当然，资本缓冲工具也有失灵的情况。一是在经济衰退期，金融机构面临巨大市场压力，其实际的资本充足率会高于监管要求，导致监管资本要求缺乏约束力。这将增加金融机构运营成本，也存在监管套利机会。二是在宏观审慎监管下，资本的差异性十分显著。在经济预期下调时，以普通权益为主的资本结构比拥有以优先股为主的资本结构的金融机构在融资中具有优越性。因此，选择资本缓冲工具时既要考虑失灵的状况，也不可忽视提高资本要求对经济运行的影响。

（二）前瞻性拨备

拨备是银行等系统性重要金融机构抵御风险常用的工具之一。现有的统一拨备和统计拨备通常会加剧金融机构的亲周期行为。因此，在宏观审慎监管中，建立前瞻性拨备体系是优化金融监管工具的努力方向。可以按照不同的拨备规则，根据贷款头寸和预期损失来构建动态拨备体系，这种拨备体系由动态拨备和专项拨备构成，具体可以由新增贷款的潜在损失、长期贷款期望损失和根据会计准则扣除的专项拨备组成，以弱化拨备与金融周期的关系。

（三）杠杆率

资本充足率的要求决定了传统金融机构的杠杆率，但是金融创新的今天，金融机构的实际杠杆率不断提高，远高于由资本充足率决定的杠杆率。市场流动性足够充分，金融机构的理论杠杆率可以无限放大，其业务规模可以不受资本监管约束。高杠杆率已成为引发系统性金融风险的重要因素之一，也受到监管当局的重视。

于是，在杠杆率监管上，要同时将总杠杆率和风险业务杠杆率纳入监管范围：

一是强调总杠杆率的监管，即总资产/所有者权益，反映资产负债表健康状态。总杠杆率的监管可有效限制金融机构的盲目扩张，强化金融机构负债规模的稳定性，避免出现流动性不足。此外，总杠杆率也限制了经济脱实向虚的无序扩张，在一定程度上避免了系统性金融风险向实体经济溢出。二是差异化对待业务杠杆率。要根据经济周期，适时调整杠杆率要求，对不同业务的杠杆率采取差异化策略，有利于减少监管套利，堵住商业银行表外业务监管的漏洞。长期来看，随着金融创新的深入，经济虚拟化，杠杆率的监管实施将是以后资本监管的有益补充。

第三节　货币价值波动下系统性金融风险的防范体系构建

货币价值波动下系统性金融风险的防范体系的构建主要从两个角度展开：一是防范系统性金融风险的累积；二是防范系统性金融风险的传播。前者关键是降低金融体系的脆弱性，后者关键是切断系统性金融风险传播的路径。

一、构建金融逆周期调控体系

构架金融逆周期调控体系就是按照逆经济周期行事的原则，在经济繁荣期，避免金融系统助力经济过热，在经济萧条时避免金融系统加剧经济紧缩。在宏观审慎监管框架下，逆金融周期调控范围更广。

（一）金融逆周期调控体系的设计原则

建立金融逆周期调控体系应遵循以下原则：一是有效性。逆周期调控体系建立在现有的政策调控工具之上，具有逆周期调控的作用，缓解周期效应。二是可操作性强。整个调控体系流程简单，容易操作执行。三是公开透明。信息获取公开透明，全覆盖金融系统，包含金融影子银行系统，避免监管空白。这样有效将宏观调控和逆周期调节结合起来，把总量调节和微观审慎监管有机结合，使得逆周期调控更有前瞻性，也促使系统性金融风险治理体系不断调整完善。

（二）金融逆周期调控体系的核心内容

构建金融逆周期调控体系的核心是建立一种对冲经济下行的缓冲机制。这种缓冲机制与经济周期密不可分，能根据经济周期变动做出相应调整。目前，宏观审慎监管的工具主要集中在资本缓冲、拨备、杠杆率等方面。基于这些监管工具，逆周期调控体系需要根据实际进行相应调整，设计一种缓冲机制，来吸收经济衰退带来的损失，以抑制信贷周期波动，最大限度地降低对实体经济的负面影响。建立缓冲机制的关键是采用完整周期来测算缓冲规模，这个周期要与系统性金融风险波动的周期相匹配。另外，缓冲规模要接近不同经济周期的均值，可以利用周期平滑方式，减少周期波动对缓冲规模的趋势影响。

（三）构建金融逆周期调控体系的主要问题和解决方案

目前，构建金融逆周期调控体系面临的主要问题是如何准确选取经济周期的起点和终点。经济系统是一个含有巨大信息量的复杂系统，无法依据某单一指标来判断宏观经济运行状态。对市场经济不发达的国家来说，宏观经济指标更加难以及时反映经济运行的真实水平。因此，在选取周期时点时，难以做到准确及时，可能出现超前或滞后，但无论超前还是滞后，都会影响资源配置效率，给实体经济带来负面效应，贻误调控时机，促使系统性金融风险的生成累积。

要解决周期时点选择问题，管理层要协调宏观经济调控和金融监管等职能部门，结合系统性金融风险的评价体系，构建宏观经济运行状态评价体系，测算宏观经济景气指数，以此作为判断经济周期时点的依据，及时掌握宏观经济的运行状况，引导经济主体理性决策。

二、完善全覆盖、差异化的风险防范体系

对部分高风险金融创新产品和市场缺乏有效监管，这是监管当局面临的共同困境。在宏观审慎监管的框架下，应将金融机构的表外业务纳入监管范畴，同时为提高金融系统的运行效率，针对不同的监管对象，不同市场实行差异化监管策略，在有效安全监管的前提下降低系统性金融风险管理成本。

（一）构建全覆盖监管体系

金融风险监管漏洞是引发系统性金融风险的重要因素之一。因此，在系统性金融风险治理中构建全覆盖的监管体系是势在必行的。在实践中，影子银行和高风险金融产品是系统性金融风险的引爆点，未来也将成为金融监管的重点领域。也就是说，要提高系统性金融风险治理水平，势必扩大金融监管范围，做到全覆盖，特别要将影子银行体系、部分高风险的金融产品以及表外业务纳入监管范围，避免监管套利，这也是国际组织和各国管理层金融监管改革的重点方向。比如，美国在次贷危机后将对冲基金、私募股权基金、金融衍生产品等高风险金融产品纳入监管范畴，对场外交易从严监管，防止监管套利，转移风险。

（二）构建差异化监管体系

复杂的金融系统是由不同的金融机构、金融市场和金融制度等要素构成的。各构成要素在金融系统中的功能和地位存在差异性。通常，系统性金融风险的引爆点集中在业务规模较大、复杂程度较高的系统重要性金融机构。这些金融机构一旦发生风险事件，将给地区，乃至全球金融系统带来冲击。与之相对应的业务规模小且简单的金融机构发生系统性金融风险的概率较低。因此，构建金融风险防范体系时要实施差异化策略，即在监管全覆盖的基础上突出重点。尤其是系统重要性金融机构的监管要区别对待，转变金融机构"大而不倒"的定式思维，避免出现"大而不倒"的道德风险。在宏观审慎和微观审慎监管框架下，可以对系统重要性金融机构进行破产清算。为减少系统重要性金融机构清盘带来的负面效应，以及对金融系统的冲击，在日常监管中除提出更高的资本充足率、杠杆率、流动性和风险集中度等审慎监管标准外，还应要求系统重要性金融机构建立清算基金，用以应对这系统重要性金融机构的清算，减少金融风险外溢的可能。

三、健全系统性金融风险传染的阻断体系

系统性金融风险的传染性是系统性金融风险治理的难点。构建系统性金融风险传染的阻断体系是防范系统性金融风险传导的关键所在，以利于消除各种正反馈效应。

（一）升级混业经营防火墙

混业经营是当前全球金融发展的趋势，许多金融企业会在货币和资本市

场进行跨业务、跨品种的交叉经营和服务。无论分业经营时代还是混业经营时代，加强风险隔离都是防范系统性金融风险传播的有效手段。已有的防火墙在各种金融创新工具的冲击下功能难以显现。于是，在混业经营时代，创新金融风险隔离方式，升级防火墙来阻断系统性金融风险传播途径显得尤为迫切，也成为系统性金融风险监管改革的共识。一是控制商业银行规模，单一银行的储蓄存款所占市场份额不能太高；二是控制银行利用自有资本进行投资的额度；三是列出系统重要性金融机构负面清单，严格划分传统信贷业务与对冲、私募等高风险投资活动的界线。

（二）升级核心金融基础设施

金融基础设施是金融系统赖以稳定运行的物理元件，是金融机构、金融市场彼此联通的重要通道，其薄弱环节提高了系统性金融风险生成的可能性，也是其传导的重要途径。特别是金融系统中的支付结算体系，这一核心基础设施的安全稳定运行是金融系统稳健运行的根本保证。因为支付结算系统是国内外金融市场主体相互联系的通道，提高了国际金融系统中经济主体的相互依存度，也是系统性金融风险溢出主要途径，所以在构建系统性金融风险阻断体系时，必须从升级支付结算系统等核心金融体系设施入手，健全多边结算净额和风险分担等机制，以减弱支付结算系统的风险传导效应。同时，针对隔夜拆借和场外交易市场支付结算存在的风险隐患，完善核心金融基础设施的监督、检查机制，准确把握市场参与者的风险敞口和结算账户余额，实现动态风险管理，以及时阻断金融风险的传导途径。

四、组建金融消费者保护机构

根据发达国家金融改革的先进经验，完善的金融消费者保护机制是解决金融创新中信息不对称和防范系统性金融风险的重要举措。因此，组建金融消费者保护机构，加强对金融消费者的保护势在必行。这些机构要监管向消费者提供金融产品或服务的金融机构，完善干预金融衍生品设计机制，降低金融创新中的信息不对称，降低道德风险，对与消费者联系密切的金融产品，做到公开、简单，切实保护消费者利益，使自身真正承接消费者保护职能，促进金融服务和市场平稳运行。

第四节　货币价值波动下系统性金融风险的处置体系构建

由于金融系统自身和外部环境的复杂性，货币价值波动下系统性金融风险是不可消除的，对其预测是存在偏差的，所以在设计货币价值波动下系统性金融风险预警体系和优化其防范体系的同时，必须考虑构建其处置体系，着重对存在风险的金融机构进行早期化解，对受到系统性金融风险冲击的金融机构进行清算。目前，中国金融机构信用由各级政府背书，承担对金融机构的隐性担保，金融机构处置体系尚不完善，前期的立法和规则制定都不完备。这不利于修复受损的金融市场，打破风险传导的反馈机制。也就是说，构建系统性金融风险的处置体系是必要的，尤其是中国。

一、完善纠错救助体系

货币价值波动下系统性金融风险的演化是渐进的，在风险暴露过程中，及时采取措施干预，能有效降低系统性金融风险发生的概率，这种就是金融风险处置体系中的纠错机制。实施纠错机制的前提建立分类触发标准。目前，世界各国都是以资本充足率作为触发标准的，并在建立触发标准的基础上分类采取处置措施，如实施资本恢复计划、取消准入许可、责令兼并、更换高管人员、强制退市等措施，处置时要赋予监管当局一定的自由裁量权，以提高监管的针对性。

总的来说，完善纠错制度有助于降低道德风险，尤其是设计不合理的存款保险制度造成的道德风险；有助于监管与触发机制的融合，提高纠错的针对性和弹性；有助于降低问题金融机构的负外部性以及随之而来的处置成本。

要实现微观市场和宏观经济的均衡，离不开政府的干预。金融救助是政府干预市场经济的一种常见手段。当系统性金融风险事件发生时，政府都会采取注资、担保、提供流动性等手段进行干预。在经济全球化的进程中，面对系统性金融风险，单个政府采取金融救助，其效果有限。为最大限度减少系统性金融风险带来的损失，相关经济体应寻求国际合作，共同实施金融救助计划，如通过货币互换、联合降息等措施共同化解系统性金融风险。

二、健全金融机构市场退出机制

现实中对具有潜在风险的金融机构，尤其是系统重要性金融机构处置不当容易引起系统性金融风险，因此有必要健全金融机构市场退出机制，避免单一金融机构风险溢出，演化为系统性金融风险。

目前，构建金融机构市场退出机制将面临以下问题。一是法律体系建设滞后。各国的法律法规都明确规定，可以运用接管、购并重组、破产等形式让问题金融机构退出市场，但缺乏可操作性，对一些特殊性问题没有明确规定。二是政府干预较多。因为金融机构在金融经济系统中的特殊地位，为维持金融系统的稳定，其在退出时上会有行政干预的色彩。这就将风险转移给政府，无法激活市场对金融风险的分散、转移和补偿机制，弱化了对金融机构的市场约束。

为此，应进一步健全金融机构市场退出机制。首先，从完善法律法规体系入手，明确金融机构市场退出的标准、流程、清偿的原则，提高可操作性。其次，灵活选择市场退出方式。在选择金融机构退出方式时，应充分考虑拟退出金融机构的现实情况和当前的宏观经济环境，合理选择市场退出方式，以实现化解风险成本最小化。最后，健全市场化的金融风险分摊及补偿机制。从发达国家经验来看，建立存款保险制度是完善市场化金融风险分摊和补偿机制的前提。在设计存款保险制度时，要体现费率差异化、风险共担等制度安排，并确保存款保险机构的独立性。

第十章　结论与对策建议

第一节　研究的结论

　　系统性金融风险是介于金融安全与不安全之间的一种状态，具有很强的传染性和负外部性，是威胁金融安全的关键因素之一。货币是金融系统赖以存在的基本构件，货币价值波动与金融稳定密切相关。历史事实表明，许多系统性金融风险事件爆发前都出现过货币价值大幅波动。本书基于两者之间的理论逻辑和历史事实，从理论—历史—实证角度构建了货币价值波动影响系统性金融风险的分析框架，论证了货币价值波动是系统性金融风险爆发的前兆，进一步探讨了货币价值波动影响系统性金融风险的机制和差异性，得出以下结论：

　　（1）同一经济体在不同历史时期的货币价值演化路径不同，同一历史时期不同经济体货币价值的演化路径也存在较大差异，其演化路径分别呈现不变常数、指数曲线特征。产生这种差异的原因是货币价值变化率不同。

　　（2）不同货币形态，货币价值波动原因不同。有学者认为货币价值波动表现为货币供给与需求的错配，但商品货币时期与信用货币时期产生这种供求错配的原因是不同的。经济和非经济因素都会导致货币价值波动，而货币价值波动会对经济系统产生宏观和微观层面的影响，尤其正向反馈作用会加大货币价值的波动幅度。

　　（3）系统性金融风险的可能性会转化为现实性。基于马克思经典理论论述了系统性金融风险这种潜在抽象的可能性与货币形式的演化、货币的本质、货币职能以及资本的特性有关。这些潜在的矛盾会不断发展演变，使系统性金融风险生成累积，当风险积累到一定程度时，系统性金融风险的可能性就会转化为现实性，出现经济周期性波动，导致信用规模变化、资本大幅扩张。这些问题的出现会打破金融系统以及其他经济社会系统的平衡，最终引发系统性金融风险。

　　（4）货币价值波动是系统性金融风险爆发的前奏。在理论上，从金融脆弱性视角探讨货币价值波动影响系统性金融风险的机理，认为货币价值波动会增加银行系统、国内金融市场以及国际金融市场的脆弱性；从经济周期角度分析了货币价值波动会使资本边际效率变化、世界经济周期外溢以及心理预期变化，进而影响经济周期性波动。基于系统性金融风险的历史特性，运用历史分析法从时间和空间维度考察了系统性金融风险的普遍性，并利用历史数据对两者关系进行概率检验，认为货币价值有助于提高系统性金融风险发生的概率，验证了货币价值连续波动是系统性金融风险爆发的预兆。

（5）货币价值波动造成金融资产价格大幅波动。货币价值波动会使金融资产脱离其内在价值，影响金融资产与货币交换的比例，从而造成金融资产价格的大幅波动。而金融资产价格波动可以通过影响投资需求变化，使经济发生周期性变化；通过影响投资者预期，其正反馈作用容易导致资产价格泡沫的形成；在信息不对称的条件下，也会出现逆向选择和道德风险问题，进而影响信用规模的变化。总之，金融资产价格波动会直接对金融系统产生内生扰动，也会起到传导外生冲击的作用。

（6）货币价值波动会影响财富集中。货币价值波动从参与分配的主体、债权债务关系以及货币流通过程三个角度影响财富分配，加速财富集中。财富集中累积到一定程度，会通过影响社会总需求、信用扩张以及刺激投机性投资等渠道，导致经济脱实向虚、信用快速膨胀、金融系统失衡，进而出现系统性金融风险。

（7）在理论分析的基础上，选取我国1996—2018年的数据为样本，运用结构向量自回归模型（SVAR）对货币价值波动、金融资产价格波动、财富集中以及系统性金融风险四个随机变量进行脉冲分析和方差分解分析。脉冲分析的结果是，货币价值波动初期导致系统性金融风险增加，对金融资产价格带来了负向反应，即货币价值下降导致金融资产价格上升，在4期后恢复原来水平，对财富集中的影响滞后；金融资产价格波动在初期引起货币价值下降，且反应较快，5期后受到的影响消失；资产价格波动初期导致系统性金融风险增加，反应较慢，短时间内得到了恢复；对财富集中的影响不明显。财富集中初期导致金融资产价格上涨，货币价值下降，持续时间也较长；对系统性金融风险的影响不明显，1期开始上升，即导致系统性金融风险增加，随后影响基本消除。方差分解的结果是，就系统性金融风险来讲，对金融资产价格波动的影响最大，之后是货币价值波动的影响，财富集中的影响最小；就金融资产价格波动来讲，货币价值波动的影响最大，财富集中的影响次之；就财富集中来讲，对3个变量的作用都滞后。

（8）在国际货币体系不对称的情况下，货币价值波动对系统性金融风险的影响存在空间差异分布。运用历史分析法和案例分析法考察引起这种空间差异的原因，发现不同类型国家货币价值波动引发系统性金融风险的路径不同。比较分析不同类型国家货币价值波动影响系统性金融风险路径的原因主要是起点不同、传导路径不同以及面临货币价值波动的风险不同。

第二节　政策建议

一、重构国际货币体系，寻找最优国际本位币

在货币发展的历史进程中，货币制度从金本位制演化为今天的牙买加体系，国际本位币从黄金演变为多元化的国际储备货币，国际货币体系愈发不对称，这为货币价值波动影响系统性金融风险提供了现实条件。对此，历史事实已表明，无论以美元为国际本位币还是多元化的国际本位币都是如此。在国际货币不对称的条件下，国际本位币和非国际本位币所拥有的资源配置的权力极度不均衡。在有限的资源配置过程中，会引发两种不均衡货币权力的对抗，对抗的结果会导致金融系统的失衡，增加金融系统的脆弱性，容易引发系统性金融风险。也就是说，不对称的国际货币体系是系统性金融风险爆发的现实基础，国际本位币缺乏最佳标的物，难以维持货币价值稳定。因此，要破解当前系统性金融风险监管的困境，应重构国际货币体系，寻找国际本位币的最佳替代物。

从历史上来看，要成为国际本位币的标的物需要具备以下条件：一是其价值相对稳定。无论是金属货币，还是信用货币，都应具有相对稳定的价值。货币价值稳定是增强持币信心的前提保证。离开了稳定的货币价值，货币体系难以正常运行。二是数量上具有持续增长性。因为只有货币存量的增长速度与经济增长速度一致，才能保证货币价值的相对稳定。只有货币数量的可持续增长，才能满足经济持续增长的需要。历史上的各种货币形态都应具有这两个条件。表面上这两个条件是相互矛盾的，因为货币的稀缺才能保证其价值的稳定。然而，这两个条件也是内在统一的。在一个经济体内，通过政策调整可以使货币价值稳定和数量的持续增长两个条件都具备。在世界范围内，只有超主权的法定货币充当国际本位币，才能同时具备上述两个条件。尤其在全球经济一体化背景下，经济不断跨越国界，决定了货币也应超越主权。因为任何一个主权国家的货币充当国际本位币都不能有效解决货币价值大幅波动的问题。根据国际本位币的基本条件，重构国际货币体系应从短期和远期着手。

就短期而言，应着手解决国际货币体系不对称的问题，取消美国在世界银行、国际货币基金组织等国际组织中的否决权，以削弱其金融霸权。只有取

消美国的特权，世界各国才能公平受益于国际金融组织的服务。为此，可以考虑重新设立国际金融组织，改变现有的组织框架来实现制衡美国的目标。随着美元在国际货币体系中地位不断下降，美元在国际货币体系中被挤占的空间为其他国家货币成为国际结算货币提供了机会，有利于重塑国际清结算系统，打破当前大部分国际贸易以美元为中间价进行结算的局面。为扭转在美元本位之下的不均衡发展，世界上许多国家已形成共识，主张重构国际货币体系，重塑公平、高效的国际清结算系统。特别在数字信息时代的今天，可以依托区块链等新技术，构建国际数字货币支付系统来替代当前的跨境清结算系统，以打破当前美元垄断全球支付系统的格局，改变国际货币体系不对称的现实基础，促使世界经济协调发展，减少货币价值波动对全球经济的冲击。

长期来看，随着经济全球化，成立世界央行，发行超主权的世界货币来替代美元，消除货币价值不稳定带来的负面效应十分必要。而欧盟成功发行欧元，验证了货币可以跨越国界，超越主权。也就是说，全球成立统一的货币发行机构，发行统一货币并不是空想，而是具有可行性的。只有重构国际货币体系，才能满足经济发展对货币数量的无限需求，保持货币价值的稳定，以实现国际本位币所需的基本条件。然而，一项制度的变革不是一蹴而就的，也不可能自发变革，国际货币体系的重构也不例外。在国际本位币重构的过程中，当前的经济大国对待发行超主权货币的态度成为关键因素。

从现实角度来看，特别提款权最有可能替代美元成为国际储备货币。通过提升特别提款权的地位，逐步取代美元，成为国际储备货币，以改善当前国际货币体系的不均衡性，有利于维持国际储备货币体系货币价值稳定，从根本上维护全球金融安全。按照周小川关于货币改革的思路，创造一种货币价值稳定，脱离国家主权的国际储备货币体系，应以特别提款权（SDR）为载体，充分发挥 SDR 的功能，使 SDR 成为一种超主权国际货币。首先，应增加一篮子货币种类，强化其信用基础，使国际货币体系摆脱对少数关键货币的信用依赖，有利于强化货币价值的稳定性，也有利于铸币税收入的合理分配，进而缓解国际货币体系的内在不稳定性。同时扩大 SDR 的总配额，满足国际储备结算的需要。其次，改变当前 SDR 只能用于成员国之间结算的状态，扩大 SDR 的交易的范围，推动在国际经济交换中以 SDR 计价，这样有利于扩大 SDR 的交易规模，使其成为国际交易中普遍接受的支付手段。这有利于消除因主权货币价值波动而带来的金融风险。总而言之，建立超主权国际货币体系能避免当前国际货币体系的缺陷，有效维持货币价值稳定，有利于防范和化解系统性金融风险。

二、建立健全稳定货币价值的调节机制

货币价值波动是系统性金融风险发生的前奏，也影响着系统性金融风险的生成和传导，进而影响金融系统的稳定性和安全性。因此，在防范和化解系统性金融风险的过程中应加强货币管理，建立货币价值稳定调节机制，避免货币价值持续大幅波动。

首先，要构建逆周期的宏观审慎监管机制。美国次贷危机后，宏观审慎监管受到高度重视。相对微观审慎监管，宏观审慎监管更注重宏观经济政策目标，但在监管过程中容易出现顺周期性，难以同时实现货币价值稳定与金融稳定的目标。因为在经济繁荣时期，系统性金融风险会随经济扩张而加速集聚，伴随着经济衰退而不断释放。也就是说，经济周期性波动会加剧金融体系的波动。为缓解金融系统周期性的负面影响，促使宏观经济稳定运行，构建逆周期宏观审慎监管机制势在必行。这就要求金融监管部门对宏观经济形势做出客观准确的预判，创新宏观调控工具，进行逆周期调控，引导信用规模适度增长，缓解周期性波动，减少对金融系统的负面冲击，以实现货币价值稳定与金融稳定的有机结合，提高系统性金融监管的有效性。

其次，精简货币政策，完善政策传导机制。为应对宏观经济运行中出现的偏差，央行将运用各种宏观货币调节工具行使调控职能。随着货币政策调节工具不断创新，宏观调控政策工具越来越繁杂。这增加了政策工具选择的难度，影响了政策的时效性。弗里德曼（2012）认为，政策工具中再贴现和存款准备金对货币存量控制存在技术上的缺陷。也就是说，由于政策工具过多以及工具本身存在缺陷，货币价值稳定目标难以实现。为扭转这一局面，应精简货币政策工具，以提高货币政策的有效性。同时，应优化货币政策目标，完善政策传导机制，保障货币政策向实体经济传导路径通畅，以增强货币政策的前瞻性和准确性，进而维持货币价值的稳定。

最后，保持中央银行的独立性，改革货币发行机制。货币不同于其他商品，它代表了经济交往秩序。离开了稳定的货币价值，经济交易活动秩序将会混乱，因此维持货币价值稳定是现实需要。一是中央银行的独立性会影响货币价值的稳定性。因为央行越独立，政府操纵货币的可能性越小，货币政策可以保持一致性，免受政治干扰，进而可以采取稳定的规则，带来相对稳定的货币价值。为保持央行的独立性，应完善法律制度，明确央行的法律地位，使央行在规范的制度下运行，避免政府干预央行决策。二是货币发行机制也会影响货币价值的波动。货币既是一种交易媒介，也体现一种社会关系。无论商品货币

还是信用货币，都有其发行的基础。商品货币时期，货币的发行以金、银等贵重金属作为锚定物。信用货币时期，货币的发行基础是政府信用，这里的政府信用与国家主权、经济发展状况相关。因此，在当前的国际货币体系中，一些主权货币凭借其强大的军事、经济实力成了世界货币，促使国际货币体系不对称发展。也就是说，依赖主权信用的货币发行机制无法避免货币超发，因而也难以维持货币价值稳定，为全球金融动荡提供了现实基础。当前，世界各国都没有很好解决主权货币超发问题，也不能实现维持货币价值稳定的目标。为实现货币价值稳定，必须改革全球货币发行机制。其中可行的办法是由政府和中央银行发行主权数字货币，这种数字货币除具有安全、快捷和可追溯性等特点之外，还必须与主权信用挂钩，并通过一种机制与国内生产总值、财政收入和黄金储备保持适当的比例关系，以维持货币价值稳定。

三、健全两类国家均衡协调发展机制

随着经济全球化的发展，世界各国经济相互联系越来越密切，相互影响程度越来越深。而系统性金融风险的爆发可以说是一国经济失衡的表现形式，这里的失衡包括内部失衡和外部失衡。在开放的经济条件下，更多的系统性金融风险是由外部失衡所导致的，主要表现在经常项目的失衡。根据两缺口模型，引起经常项目失衡的原因是投资—储蓄的缺口。而货币价值波动可以影响投资与储蓄，进而影响经常项目变化。发达国家和发展中国家都面临着经常项目失衡困局。这两类国家的持续经常项目失衡会严重影响全球金融系统的安全。为改变这种持续失衡状态，必须健全这两类国家均衡协调发展机制。

发达国家应改变现有的提前消费习惯，增加储蓄率，同时缩减政府支出，增加政府储蓄，避免公共债务扩张，进一步缩小储蓄与投资的缺口。除此之外，世界各国应减少贸易保护主义，扩大先进技术相关产品和服务的出口，改善经常项目持续逆差的情况。发展中国家应完善刺激居民消费的长效机制，并改革收入分配制度，着力提高中低阶层的收入水平，鼓励居民消费；加大政府投资力度，建立多层次资本市场体系，拓宽投资渠道，提高投资效率，改变以出口为导向的经济增长方式。这有利于促进两类国家协调发展，改善经常项目失衡的状态，防范和化解系统性金融风险。

四、加强监管，抑制资产价格泡沫形成

货币价值波动表现为商品和服务价格的变化，对宏观经济系统和微观个

体的影响非常显著。因此，货币价值波动必然伴随着资产价格波动。资产价格波动可以说是市场多空力量博弈的结果，在一定程度上反映宏观经济运行状况。但资产价格持续大幅波动会促使资产价格泡沫的形成，使系统性金融风险累积，严重影响金融稳定和安全。因此，有必要加强对资产价格的监管，避免资产价格异常波动，抑制资产价格泡沫的形成。

首先，要加强资本市场监管，维护资本市场稳定。资本市场是金融市场的重要组成部分，具有风险高、价格波动幅度大的特点。整体来看，影响其价格变动的因素众多。其中，资本市场价格既受货币价值波动的影响，也受经济政策调整以及外部事件的冲击。这样，资本市场成了资产价格泡沫形成的重灾区，也是系统性金融风险的重要传播途径。也就是说，在充分发挥资本市场的资源配置、风险转移作用的同时，要强化对资本市场的监管，维护资本市场的稳定，防止资产价格泡的形成，必要时应针对资本市场构建防火墙，切断风险传染渠道。

其次，加强系统重要性金融机构的监管。就金融体系来说，系统重要性金融机构的资产规模占比最大，处于核心地位，也是系统性金融风险的主要发源地之一。因为这些机构是执行国家货币政策的主要渠道，相关货币政策调整都会影响系统重要性金融机构的投资决策行为，进而影响相关金融机构的运营状况。此外，货币价值波动会通过信贷等渠道影响系统重要性金融机构的资产质量。当系统重要性金融机构的资产质量下降时，系统性金融风险将不断生成累积，增加金融系统的脆弱性。因此，加强系统重要性金融机构的监管，构建相应的金融风险预警体系，抑制相关资产价格泡沫的形成，维护系统重要性金融机构的稳定性，也是防范和化解系统性金融风险的重要举措。

最后，要优化政策调整，防止资产价格大幅波动。政府在制定宏观经济政策时，既要考虑宏观经济调控的预期目标，也要考虑政策对资产价格的影响。随着金融创新改革的深入，金融体系对宏观经济政策的反应更加敏感。宏观经济政策的调整容易引起资产价格的波动，并且政策调整会影响公众预期，而公众预期变化对资产价格具有助涨或助跌的作用，尤其通过预期的正向反馈作用，容易形成资产价格泡沫。于是，在货币政策制定和执行时，应高度关注政策的变动对资产价格的冲击，避免政策实施的负面效应。同时，要优化政策调整机制，当资产价格波动超过一定范围时，宏观政策要及时进行干预。也就是说，要灵活运用宏观经济政策调整，将金融稳定纳入政策目标，以防范和化解资产价格泡沫风险。

五、完善收入分配体系，缩小贫富差距

财富集中通过消费和投资渠道影响实体经济发展，促使信贷扩张，为系统性金融风险爆发提供了现实基础。因此，缩小贫富差距，避免财富集中是维持金融稳定的重要基础。而财富集中是收入分配不均长期累积的结果。要缩小贫富悬殊，应从政策和制度多层面不断完善收入分配体系。

首先，完善收入分配体系，保护劳动所得。皮凯蒂（2014）认为，产生分配差距扩大的原因是资本和收入比率不断上升，且资本年度回报率比经济增长速度更快。也就是说，在国民收入分配中，资本所有者所占份额持续增加，劳动所有者分配的份额不断减少。因此，要缩小收入分配差距，就应保护劳动所得，增加劳动报酬，提高劳动报酬在初次分配中的比重，健全劳动、资本、土地、知识、技术、管理等生产要素的市场评价贡献，按贡献决定报酬的机制。资本和土地等生产要素在财富创造中确实具有不可轻视的作用，但不能过分凸显资本和土地等要素在财富分配中的地位，应建立一种共享分配机制，打破过去劳动者只能获取工资和奖金的制度，完善员工持股机制，让员工共享社会财富增长的红利。

其次，政府要通过财政政策调节收入分配。税前收入分配是市场作用的结果，其结果可能导致收入分配差距扩大。政府应通过税收政策、转移支付以及财政支出等方式来调节产生分配效应。要缩小财富分配差距，政府应改革完善收入分配制度，促进收入分配合理化。具体来说，就是政府通过税收政策调整、转移支付和财政支出等方式，缩小区域经济发展差距，避免部门和行业之间收入差距扩大。同时不断建立健全社会保障体系，以实现"橄榄型"的分配格局，避免财富趋向集中。

最后，关注技术创新的收入分配效应。理论上技术变革也是加速财富集中的关键因素。政府除加大科研投入支持技术创新外，还应完善相关技术创新制度，以提高研发效率以及成果转化的经济效应。这里的技术创新制度体系应包括政府对技术创新的激励和扶持政策，还应完善人才培育机制，为技术变革提供更多、更高的人力资本，让更多人享有技术变革带来的红利。同时，应完善研究成果转化机制，但应注意研究成果商业化既要得到鼓励，也要注重公平原则，避免收入分配差距扩大。

第三节　研究展望

　　展望未来，在提高金融系统运行效率的前提下，维护货币价值稳定，防范和化解系统性金融风险，守住不发生系统性金融风险的底线是未来全球各经济体共同努力的目标。从上述结论来看，货币价值波动是系统性金融风险爆发的前奏，是一种普遍存在的经济现象，什么样的波动有助于经济金融系统的发展、什么样的波动会破坏经济金融系统的平衡，以及采取怎样措施来应对货币价值波动等问题没有统一标准和成功经验。探讨系统性金融风险爆发的前奏，对及早预警系统性金融风险具有重要的作用。除货币价值波动外，系统性金融风险的发生的前奏还有经常项目失衡等。从这些角度探讨对系统性金融风险的影响，构建系统性金融风险的预警体系等，有待后续进一步研究。

参 考 文 献

[1] 陈其人. 货币理论与物价理论研究 [M]. 上海：上海人民出版社, 2013.

[2] 弗里德曼. 最优货币量 [M]. 杜丽群, 译. 北京：华夏出版社, 2012.

[3] 弗里德曼. 货币稳定方案 [M]. 刘国晖, 王晗霞, 译. 北京：中国人民大学出版社, 2016.

[4] 贵斌斌. 货币、信用与经济稳定 [M]. 北京：中国政法大学出版社, 2014.

[5] 卡门·M. 莱因哈特, 肯尼斯·罗格夫. 这次不一样？ 800 年金融荒唐史 [M]. 北京：机械工业出版社, 2012.

[6] 金德尔伯格. 西欧金融史 [M]. 徐子健, 译. 北京：中国金融出版社, 2010.

[7] 凯恩斯. 货币论（上卷）[M]. 周辉, 译. 西安：陕西师范大学出版社, 2008.

[8] 米塞斯. 货币与信用理论 [M]. 杨承厚, 译. 台北：台湾银行经济研究室, 1967.

[9] 托马斯·皮凯蒂. 21 世纪资本论 [M]. 巴曙松, 译. 北京：中信出版社, 2014.

[10] 亚当·斯密著. 国民财富的性质和原因的研究(上卷)[M]. 郭大力, 王亚南, 译. 北京：商务印书馆, 1996.

[11] 约翰·梅纳德·凯恩斯. 就业、利息和货币通论 [M]. 北京：商务印书馆, 1999.

[12] 威廉. 戈兹曼. 千年金融史 [M]. 张亚光, 熊金武, 译. 北京：中信出版集团, 2017.

[13] 张晓朴. 系统性金融风险研究：演进、成因与监管 [J]. 国际金融研究, 2010(7): 58–67.

[14] 赵哲, 诸霄. 系统性金融风险的生成机理及其监管 [J]. 石家庄铁道大学学报（社会科学版）, 2013(4): 20–23.

[15] 刘海二. 区域性、系统性风险的生成与演化 [J]. 理论探讨, 2014(7): 8–11.

[16] 张宝林. 影子银行与房地产泡沫：诱发系统性金融风险之源 [J]. 现代财经（天津财经大学学报）, 2013(11): 33–44.

[17] 马建堂, 董小君, 时红秀, 等. 中国的杠杆率和系统性金融风险防范 [J]. 财贸经济, 2016(1): 5–21.

[18] 王国刚.防范系统性金融风险:新内涵、新机制和新对策 [J]. 金融评论,
2017(3): 1–21.

[19] 熊海芳,赵亚汝.价格稳定、货币与金融稳定的关联性研究 [J]. 投资研究,2015
（10）: 76–85.

[20] 朱波,卢露.不同货币政策工具对系统性金融风险的影响研究 [J]. 数量经济技
术经济研究,2016（1）: 58–75.

[21] 郑航.基于 Logit 模型的中国系统性金融风险预警实证分析 [D]. 大连:东北财
经大学,2016.

[22] 梁斯,郭红玉.货币政策、商业银行杠杆与系统性金融风险 [J]. 学术论坛,2017
（4）: 93–100.

[23] 马勇.系统性金融风险:一个经典注释 [J]. 金融评论,2011（4）: 1–18.

[24] 何帆.国际货币体系中的美元霸权因素及其影响 [J]. 外汇管理,2005(6): 34–38.

[25] 黄晓龙.全球失衡、流动性过剩与货币危机——基于非均衡国际货币体系的分
析视角 [J]. 金融研究,2007(8): 48–57.

[26] 周小川.关于改革国际货币体系的思考 [J]. 中国金融,2009(7): 16–17.

[27] 李稻葵,尹兴中.国际货币体系新架构:后金融危机时代的研究 [J]. 金融研究,
2010(2): 31–43.

[28] 裴长洪.国际货币体系改革与人民币国际地位 [J]. 国际贸易,2010(1): 23–35.

[29] 彭刚,廖泽芳.美元本位制下的全球经济失衡与调整——对当前全球金融危机
的思考 [J]. 中国人民大学学报 (社会科学版),2016(5): 54–63.

[30] 李若谷.金融危机与国际货币体系改革 [J]. 中国金融,2016（5）: 34–40.

[31] 尚晓,樊淑红.新疆区域金融风险研究——基于资产负债表分析 [J]. 金融发展
评论,2017（5）: 105–112.

[32] 柯孔林.货币政策对商业银行系统性风险的影响——来自中国上市银行的经验
证据 [J]. 浙江社会科学,2018（11）: 31–40.

[33] 朱波,马永谈.行业特征、货币政策与系统性风险——基于"经济金融"关联
网络的分析 [J]. 国际金融研究,2018（4）: 22–32.

[34] 汪莉.隐性存保、"顺周期"杠杆与银行风险承担 [J]. 经济研究,2017（10）:
67–81.

[35] 陈壮.商业银行杠杆顺周期与金融稳定——基于我国 26 家上市商业银行的实
证研究 [J]. 金融理论探索,2018（10）: 20–32.

[36] 戴金平, 朱鸿. 金融周期如何影响经济周期波动? [J]. 南开大学学报（哲学社会科学版）, 2018（5）: 142-151.

[37] 昌忠泽. 流动性冲击、货币政策失误与金融危机——对美国金融危机的反思 [J]. 金融研究, 2016(7): 18-34.

[38] 关崇明, 蒙泽群, 唐宏飞. 构建宏观审慎管理框架 防范系统性金融风险 [J]. 南方金融, 2017(11): 49-52.

[39] 于蓓. 我国上市商业银行系统性风险中共同风险因素分析 [J]. 技术经济, 2016, 31(8): 122-127.

[40] 刘锡良, 苗文龙. 风险准备、风险分担与金融风险防范及化解 [J]. 金融监管研究, 2013(5): 22-39.

[41] 李文泓. 宏观审慎监管框架下的逆周期政策研究 [M]. 北京: 中国金融出版社, 2011.

[42] 范小云, 方意, 王道平. 我国银行系统性风险的动态特征及系统重要性银行甄别——基于 CCA 与 DAG 相结合的分析 [J]. 金融研究, 2013(11): 32-43.

[43] 孙立行. 开放条件下中国金融风险预警指标体系研究 [J]. 世界经济研究, 2014(12): 30-37.

[44] 宫晓琳. 未定权益分析方法与中国宏观金融风险的测度分析 [J]. 经济研究, 2015(3): 76-78.

[45] 周华, 周晖, 刘灿辉. 中国金融风险预警研究——基于 MSRVR 模型的实证分析 [J]. 投资研究, 2013(1): 150-160.

[46] 朱太辉, 边卫红. 如何从根源上改进金融系统性风险监管?——基于实体经济债务视角的研究 [J]. 金融评论, 2018（10）: 25-35.

[47] 朱睿博. 市场波动与系统性风险——基于市场流动性集体枯竭的视角 [J]. 财经问题研究, 2017(2): 13-18.

[48] 孙琪. 经济政策不确定性对系统性风险的影响机制研究 [J]. 财会月刊, 2018（9）: 155-162.

[49] 吴卫星, 蒋涛, 吴锟. 融资流动性与系统性风险——兼论市场机制能否在流动性危机中起到作用 [J]. 经济学动态, 2015(3): 62-72.

[50] 付刚. 宏观审慎管理与系统性金融风险防范思考 [J]. 金融发展研究, 2010,（6）: 60-63.

[51] 徐加根, 罗晶, 徐培文. 房价与股价波动对宏观经济稳定的影响研究 [J]. 华东经济管理, 2018 (3): 5-13.

[52] 孔庆龙, 高印朝, 樊锐. 资产价格波动与银行危机的一般均衡分析模型的改进 [J]. 上海金融, 2008(9): 50-55.

[53] 巴曙松, 左伟, 朱元倩. 金融网络及传染对金融稳定的影响 [J]. 财经问题研究, 2013 (2): 3-11.

[54] 范小云. 金融结构变革中的系统性风险分析 [J]. 经济学动态, 2002 (12): 21-25.

[55] 韩心灵, 韩保江. 供给侧结构性改革下系统性金融风险: 生成逻辑、风险测度与防控对策 [J]. 财经科学, 2017 (6): 1-13.

[56] 邓向荣, 曹红. 系统性风险、网络传染与金融机构系统重要性评估 [J]. 中央财经大学学报, 2016 (3): 52-60.

[57] 张天顶, 张宇. 我国金融市场系统重要性机构的评估及政策启示 [J]. 管理评论, 2018, 30 (1): 24-35.

[58] 范小云, 王道平, 方意. 我国金融机构的系统性风险贡献测度与监管: 基于边际风险贡献与杠杆率的研究 [J]. 南开经济研究, 2011 (4): 3-20.

[59] 闻岳春, 唐学敏. 系统性金融风险的影响因素研究: 基于金融机构关联性的视角 [J]. 江西社会科学, 2015, 35 (7): 72-79.

[60] 胡宗义, 黄岩渠, 喻采平. 网络相关性、结构与系统性金融风险的关系研究 [J]. 中国软科学, 2018 (1): 33-43.

[61] 周小川. 守住不发生系统性金融风险的底线 [N]. 人民日报, 2017-11-22 (006).

[62] 梁琪, 李政. 系统重要性、审慎工具与我国银行业监管 [J]. 金融研究, 2014 (8): 32-46.

[63] 毛建林, 张红伟. 基于 CCA 模型的我国银行系统性金融风险实证研究 [J]. 宏观经济研究, 2015 (3): 94-102.

[64] 邓晶, 曹诗男, 潘焕学, 等. 基于银行间市场网络的系统性风险传染研究 [J]. 复杂系统与复杂性科学, 2013, 10 (4): 76-85.

[65] 温博慧, 柳欣. 金融系统性风险产生的原因与传导机制: 基于资产价格波动的研究评述 [J]. 中南财经政法大学学报, 2009 (6): 76-81.

[66] 陈学军, 邓超. 基于 Page Rank 的系统重要性金融机构识别模型 [J]. 系统工程, 2017, 35 (4): 1-8.

[67] 邓向荣，曹红．系统性风险、网络传染与金融机构系统重要性评估 [J]. 中央财经大学学报，2016（3）：52–60.

[68] 袁达松．对影子银行加强监管的国际金融法制改革 [J]. 法学研究，2012, 34（2）：194–208.

[69] 李建军，薛莹．中国影子银行部门系统性风险的形成、影响与应对 [J]. 数量经济技术经济研究，2014, 31（8）：117–130.

[70] 刘晓星，方磊．金融压力指数构建及其有效性检验：基于中国数据的实证分析 [J]. 管理工程学报，2012, 26（3）：1–6.

[71] 徐国祥，李波．中国金融压力指数的构建及动态传导效应研究 [J]. 统计研究，2017, 34（4）：59–71.

[72] 周宇．论汇率贬值对人民币国际化的影响——基于主要国际货币比较的分析 [J]. 世界经济研究，2016(4): 3–11.

[73] 朱孟楠，闫帅．外汇储备规模、汇率与货币国际化——基于日元的实证研究 [J]. 西南民族大学学报（人文社科版），2017(3): 140–145.

[74] 薛畅，何青．汇率波动与货币国际化路径——基于门限面板回归的分析 [J]. 经济学报，2016(3): 26–42.

[75] 公晓璐．币值变动下的资本结构问题研究——以上市公司 B 股为例 [D]. 济南：山东财经大学，2014.

[76] 费熠．人民币币值变动对我国贸易收支的作用分析 [J]. 产业与科技论坛，2018,（10）：79–81.

[77] 董宁，郑玉坤．人民币币值变动与我国产业内结构调整关系探析 [J]. 商业时代，2013（5）：110–112.

[78] 田拓，马勇．中国的短期跨境资金流动——波动性测度及影响因素分析 [J]. 金融研究，2013（12）：87–99.

[79] 王苏煦．金属货币贬值成因分析——基于中国铜铸币与 19 世纪前欧洲金属货币的比较研究 [J]. 中国经贸导刊 (理论版),2017(17): 32–34.

[80] 陈卫东．美联储持续推进加息进程，新兴经济体多国货币贬值 [J]. 国际金融研究，2019(1): 7.

[81] 徐飞，唐建新，程利敏．国际贸易网络与股价崩盘传染：竞争性货币贬值视角 [J]. 国际金融研究，2018(12): 84–93.

[82] 何塞·德格雷戈里奥, 王宇. 在国内需求下降时, 货币贬值可以提高国外需求 [J]. 金融发展研究, 2017(1): 38–41.

[83] 梅冬州, 杨友才, 龚六堂. 货币升值与贸易顺差: 基于金融加速器效应的研究 [J]. 世界经济, 2013, 36(4): 3–21.

[84] 张勇. 拉美国家货币动荡的原因及其影响 [J]. 银行家, 2018(9): 102–104.

[85] 王智勇. 货币供应与价格波动——兼论投资的中介作用 [J]. 中央财经大学学报, 2019(7): 27–41.

[86] 陈浪南, 刘劲松. 货币政策冲击对股票市场价格泡沫影响的时变分析 [J]. 统计研究, 2018, 35(8): 39–47.

[87] ARROW K J. Uncertainty and the welfare economics of medical care. 1963.[J]. Journal of health politics policy & law, 1963, 53(5): 941–973.

[88] AKERLOF. The Market for "Lemons": quality uncertainty and the market mechanism[J]. Quarterly journal of economics, 1970, 84(3): 488–500.

[89] ANTONAKAKIS N, CHATZIANTONIOU I, FILIS G.Dynamic co–movements of stock market returns, implied volatility and policy uncertainty[J].Economics letters, 2013（1）: 87–92.

[90] ALLEN L.Does systemic risk in the financial sector predict future economic downturns?[J]. Review of financial studies, 2012(10): 3000–3036.

[91] ACHARYA V, PEDERSEN L, Philippon T, et al .Measuring Systemic Risk[J]. Review of financial studies, 2017(1): 2–47.

[92] ALLEN F, GALE D.Financial contagion [J]. Journal of political economy, 2000(1): 1–24.

[93] ACHARYA V V, BROWNLEES C, ENGLE R, et al.Measuring systemic risk [J]. Working Paper, 2017, 29(1002): 85–119.

[94] BOUDT K, PAULUS E C S, ROSENTHAL D W R.Funding liquidity, market liquidity and TED spread: a two–regime model[J].Journal of empirical finance, 2017（43）: 143–158.

[95] BISIAS D, FLOOD M, LO A W, et al. A survey of systemic risk analytics [J]. Annual review of financial economics, 2012, 4(76): 119–131.

[96] BILLIO M, GETMANSKY M, LO A W, et al. Econometric measures of connectedness and systemic risk in the finance and insurance sectors [J]. Journal of

financial economics, 2012, 104(3): 535–559.

[97] BANULESCU G D, DUMITRESCU E I. Which are the SIFIs? A component expected shortfall approach to systemic risk [J]. Journal of banking & finance, 2015(50): 575–588.

[98] BERG A, PATTILLO C.Predicting currency an alternative[J].Journal of international money and finance, 2014, 18(4): 561–586.

[99] BORIO C.Implementing the macroprudential approach to financial regulating and supervision[J].Financial stability review, 2009(13): 31–41.

[100] DIAMOND, DOUGLAS, PILIP H, et al. "Bank Runs, Deposit Insurance and Liquidity" [J]. Journal of Political Economy, 1983, 91(3): 401-419.

[101] DREHMANN M, JUSELIUS M.Do Debt Service Costs Affect Macroeconomic and Financial Stability? [J].BIS quarterly review, 2012(9): 21–35.

[102] DOW J.What is systemic risk? moral hazard, initial shocks, and propagation [J]. Monetary & economic studies, 2000, 18(2): 1–24.

[103] DREHMANN M, TARASHEV N. Measuring the systemic importance of interconnected banks [J]. Journal of financial intermediation, 2011(4): 586–607.

[104] DIAMOND D, DIYBVIG P. Bank runs, deposit insurance, and liquidity [J]. Journal of political economy, 2010, (91): 401–419.

[105] HAYEK F A V.Denationalization of money the argument refined: an analysis of the theory and practice of concurrent currencies[M].London: Institute of Economic Affairs, 1990.

[106] FRANKEL J, ROSE A K.Currency crushes in emerging markets: an empirical treatment[J].Journal of international economics, 2013, 41(34): 351–366.

[107] GOLDSTEIN M. The Asian financial crisis: causes, cures, and systemic implications[J].Thunderbird international business review, 2009, 41(6): 721–728.

[108] GERLACH S, SMETS F.Contagious spectulative attacks[J].European journal of political economy, 2015, 11(1): 45–63.

[109] GEORGE G, KAUFMAN. Bank failures, systemic risk, and bank regulation [J]. Cato journal, 1996, 16(1): 17–45.

[110] MARKOWITZ H. Portfolio selection[J]. Journal of finance, 1952, 7: 107–165.

[111]   MINSKY H P.Stabilizing an unstable economy[M].New York: McGraw–Hill, 2008.

[112]   HUANG W Q, ZHUANG X T, YAO S, et al. A financial network perspective of financial institutions systemic risk contributions [J]. Physica a statistical mechanics & its applications, 2016(5): 183–196.

[113]   HAHM J H, SHIN H S, SHIN K. Noncore bank liabilities and financial vulnerability [J]. Journal of money credit & banking, 2013, 45(1): 3–36.

[114]   MONDRIA J, DOMEQUE C Q.Financal contagion and attention allocation[J].The economic journal, 2013, 123(568): 429–454.

[115]   MINSKY H P. Stabilizing an unstable economy[M]. New Haven: Yale University Press, 1986.

[116]   MILNE A. Distance to default and the financial crisis [J]. Journal of financial stability, 2014, 12(6): 26–36.

[117]   JANAKIRAMAN S N, LAMBERT R A , LARCKER D F.An empirical investigation of the relative performance evaluation hypothesis[J].Journal of accounting research, 2002, 30(1)53–69.

[118]   NIER E, YANG J, YORULMAZER T, et al. Network models and financial stability[J].Journal of economic dynamics & control, 2007, 31(6): 2033–2060.

[119]   NEUENKIRCH M, NOCKEL M.The Risk–taking channel of monetary policy transmission in the euro area [J].Journal of banking and finance, 2018, 93(3): 71–91.

[120]   ROYE B V. Financial stress and economic activity in Germany [J]. Empirica, 2014, 41(1): 101–126.

[121]   AKTUG R E. A critique of the contin–gent claims approach to sovereign risk analysis [J].Emerging markets finance & trade, 2014, 50(1): 294–308.

[122]   SCHWARCZ S.Systemic risk[J].Georgetown law journal, 2008, 97(1): 193–249.

[123]   SCHWARCZ S L. Markets, systemic risk, and the subprime mortgage crisis[J]. Social science electronic publishing, 2008(2): 209–216.

[124]   SMAGA P. The concept of systemic risk[J]. Social science electronic publishing, 2014(5): 28.

[125] UPPER C. Simulation methods to assess the danger of contagion in Interbank Markets[J]. Journal of financial stability, 2011, 7(3): 111–125.

[126] WAGNER W.In the quest of systemic externalities: a review of the literature[J]. CESifo economic studies , 2015, 56(1): 96–111.

致 谢

伴随着春天的气息，融着辛勤和汗水，博士论文终于完稿。浮华人世，能在宁静的荔园追求学术理想，诚为可贵。回首这四年忙碌而充实的博士生涯，有论文选题和写作中的迷茫，有连续熬夜查阅资料和反复修改论文的苦楚，也有得到老师认可的喜悦和错失陪伴小孩成长的遗憾，但更多的是感激！

感谢我的导师谢圣远教授，四年来对我严格要求、悉心指导、循循鼓励和不断鞭策。论文从选题、开题、定题到内容的组织和篇章结构倾注了导师大量的心血。当我对论文选题和思路感到迷茫时，是老师给了我及时的指导和鼓励；当我懈怠、厌倦而疏于论文撰写时，是老师给了我及时的提醒和鞭策。恩师的学术思想对我大有启发，对经济问题的见解令我茅塞顿开，其严谨治学的态度、卓绝的思维能力以及包容并蓄的雅量使我由衷景仰。与恩师探讨问题总能激起我思维的火花，能得到恩师在学识和修养上的言传身教，实乃平生之幸。

感谢深圳大学曾经指导过我的诸位老师，感谢周文明博士等同门对我的帮助和厚爱！特别感谢师弟胡炳惠辅助我完成了部分基础数据处理工作。同时，要感谢同班好友张其富博士、陈广福博士等，同窗之谊令人难忘。

最后，要感谢我的妻子和父母，是他们挑起了抚养孩子，维持家庭运转的重担，让我年过而立之年还能够专心致志地攻读博士学位！感谢他们的理解和宽容！还要感谢我10岁的儿子和3岁的女儿，他们天真的笑容带给我无尽的快乐与希望，成为我不断前进的动力！